お店やろうよ! ⑨

はじめての「デリ&お弁当屋さん」オープンBOOK

技術評論社

色とりどり、味もいろいろ。幸せを運ぶデリ＆お弁当たち

デリやお弁当は、彩り豊かであってほしいもの。舌だけでなく目を楽しませてくれることで、より味わいが増し、食べる人を幸せにします。つくる人が仕入れから調理まで手間をかけるのは、それを喜んでくれる人がいるからです。

赤や緑、黄色、黒など、色とりどりのおかずに、炊きたてのほかほかご飯とみそ汁。新鮮野菜のサラダやマリネなら、香ばしい天然酵母パンとスープ……。人それぞれ好きな組み合わせを、日替わりで楽しめるデリとお弁当。

有機栽培、無添加食品などへの関心が高くなり、食生活を気にする人が増えると同時に、栄養補給をサプリメントで代用することも普通になってきています。

でも、それが本当に豊かな食生活といえるかギモンです。やはり

↑おまかせ弁当（1,200円）「野菜が主役のカフェレストラン」というお店らしい、豆腐のカツレツや生湯葉、新鮮野菜、フルーツの彩りが印象的。（ル・ペイザン・ベジデリ）

←温泉卵の八菜丼（714円）ご飯の上に素揚げした8種類の無農薬野菜をのせ、温泉卵と特製ソースをかき混ぜて食べる。ご飯は玄米か胚芽米から選べる。（みどりえ）

→「すじこと鮭」（231円）「DENDEN」（189円）「田田にぎり」（168円）「DENDEN」はイタリア産パルメジャーノチーズと梅胡麻、醤油でアツアツご飯に和えたもの。（おにぎり田田）

↑Bento plate（BIG　600円）テイクアウトのお弁当は3サイズあり、SとMは2種類のデリ、BIGサイズは3種類のデリを選べる。アメリカンサイズの容器は問屋街で探し当てたもの。（HAPPY DELI）

Let's Take out Deli & Lunch

ほとんどの人は、舌と目でおいしく食べたいと考えるのではないでしょうか。それは、お店の数だけ人気のデリ&お弁当があり、独自のレシピを公開するなど、エンターテインメント的な要素が強くなっていることからも明らかです。

おいしく食べてもらいたい——その気持ちはお母さんと同じでも、なかなか家庭では出せない味もお店なら出せるのです。そこをよく噛みしめて味わいましょう。

↓デリ3点（800円）　女性が1人でも来店しやすいお店をコンセプトに、野菜を中心にご飯もの、炒め物、デザートまで幅広いメニュー。テイクアウトは料金を安めに。（biji）

↑ファラフェルサンド（350円〜）　ファラフェルは、ひよこ豆などを材料に素揚げしたイスラエル料理。世界中のベジタリアンに人気。（Falafel Garden）

↓ババガヌシュ（550円）　揚げナスとゴマペーストをピタパンでサンド。2つの風味のハーモニーが楽しめる。（Falafel Garden）

↓鯖の竜田揚げ丼（650円）　梅、ポン酢、エシャロット油で香りづけたソースが、全体をさっぱりとした味わいにまとめている。（biji）

↑ロコモコ（600円）　麦飯の上にハンバーグ、レタス、温泉卵をのせ、デミグラスソースをかけた定番のロコモコ。見た目以上のボリューム感がある。（Yummy-E）

↓だし巻き玉子（368円）　定番のものからクリームチーズとたらこなど、ユニークな具材まで使用。産地もこだわって仕入れている。（おにぎり田田）

↓4種デリセット（790円）　かわいい容器に好きなデリを詰めてくれるセット。美肌をテーマにした女性向けのメニューが豊富。（ウーラン）

↑サラダDeli（200円〜／100グラム）　普通に手に入る食材を使いアメリカンスタイルで提供。手軽に買えるよう価格も抑えている。（HAPPY DELI）

↓3品Deliチョイス（840円）　オーガニック野菜の本来もつ力と、おいしさを味わってほしいとの思いが込められたデリ。固定ファンも多い。（みどりえ）

有機米のご飯または日替わりパン、ドリンクまたは日替わり汁に、4種のデリが選べる（790円）のがデリカフェの「ウーラン」。大型のショーケースに和・洋・中のデリがバラエティ豊かに並ぶ。

「Open Oven」のランチセット（840円）は天然酵母パンとともに味わえる、野菜と魚介を使ったサラダ、オーブン焼きなどのデリが自慢。日替わりの限定メニューもあり、毎日でも楽しめる。

お店で食べたい！ あったかランチ & 和みデザート

Eat in!

ファラフェルボールはピタパンに挟まずに食べてもOK（6個380円）。肉を使っていないのに食べ応えは十分。ビールのつまみにしてもいい。

タコミート（メキシカン・ミートソース）などの温製デリも人気の「HAPPY DELI」。ご飯にのせればタコライスの出来上がり。子どもたちにも人気だ。

豆や根菜、緑黄色野菜を使ったサラダが豊富な「HAPPY DELI」では、目で楽しみながらヘルシーな食事が味わえる。テラス席もあって開放的なお店だ。

「ル・ペイザン・ベジデリ」の宝石店のようなショーケースには華やかなスイーツがよく似合っている。

「みどりえ」の「本日のパウンドケーキ」はオーガニックバナナやカボチャ、黒ゴマなど。（315円）

「Open Oven」ではデザートも自家製。「モモのコンポート（タピオカ添え）」（294円／100グラム）

食べるのがもったいない!?
人気のロコモコvsオーガニック弁当

一般的なロコモコでは目玉焼きが使われるが、プルプルの温泉卵に目をつけた。混ぜたときに馴染みやすく、見た目の魅力も大きい。

新鮮なトマトのもつ酸味を生クリームでほどよく抑えたマイルドなオリジナルソース。車内のコンロで温めた鍋からたっぷりのソースをかけて仕上げる。

ややや大きめのジューシーなハンバーグは炊飯ジャーで保温。ソースと絶妙にマッチして、ボリュームがある割に完食してしまう。さっぱりとした味わいだ。

シャキシャキのレタスは混ぜて食べるときに食感に変化をつける、ロコモコ全体のアクセントともいえる存在。食欲をそそるポイントにもなっている。

ご飯はビタミン、食物繊維が豊富で低カロリーの麦飯をチョイス。ダイエットのために食する人も増えるなか、お客さまの健康への配慮は欠かせない。

ロコモコ（クリーミートマトソース600円）　「Yummy-E」は、都内4カ所の「ネオ屋台村」で移動屋台を出店。メニューは仕上げにかけるクリーミートマトソース、デミグラスソースの2種類のみ。馴染みのお客さまも多い。

「カボチャのエスニック風ゴマサラダ」。どのおかずにもいえることだが、意外にたくさんの食材が使われている。エンドウ、くるみなども入って楽しい。

この日のメインは「シーフードのピカタ」。エビ、イカなどを加えスクランブル。塩味の微妙な加減もあり、ご飯との相性もとてもいい。

手前が玄米、奥が胚芽米の七分つき米のご飯。お米は「安心、安全に食べられるものを提供したい」というこだわりで、青森県十和田市の生産者から仕入れている。

日替わりオーガニック弁当（787円）　「みどりえ」のオーナーが食材の1つひとつを厳選。「オーガニックって本当においしいの？」という先入観を打ち破る、食材選びと味つけがお店の人気の理由になっている。

ブロッコリー、サヤエンドウ、キャベツなどを使った「緑の野菜のガーリックオイル和え」。お弁当のなかには、やはり緑のおかずがほしいと思わせる。

たっぷり野菜の旨味を生かし、じっくり煮込んでラザニアに

ラザニアのベースとなるミートソース。その材料はニンニク、ニンジンなどの野菜がたっぷり。さらにベーコン、挽肉、ワインやトマトソースを加え、じっくりコトコトと煮込んでつくります。

つくる人

「ウーラン」のシェフ・秋葉丈夫さん。フレンチ出身の本格派だ。

ラザニア（デリ＆カフェ ウーラン）

1回に仕込むのは、だいたい2週間分ですが、1週間の売れ行きを見て、あと何日分まかなえるかを考え、次の仕込みに備えています。翌週の仕込みをするときは、売れ行きが早いものほど先に仕込むため、日々の調整が欠かせません。

ミートソースの仕込みをする際のポイントは食材の旨味を引き出すことですが、時間をかけてじっくり寝かすことが最も大事と秋葉さん。

完成した、まだ温かいミートソースに乾燥パスタを3層重ね30分くらい置き、パスタが膨らみ、ソースの味がやわらかくなるのを待ちます。そして最後は200度のオーブンで15分焼き上げて完成です。（280円／100グラム）

①ミキサーにかけたニンニクをオリーブオイルでゆっくり弱火で炒める。旨味が出るタイミングは音で判断する。

②タマネギ、ベーコンを加え、オリーブオイルに香りと味を引き出していく。

③焦げないように注意しながら、つねに全体をヘラでかき回す。

④ニンジン、シイタケを加え、味の深みをさらに引き出す。

⑤下味をつけた鮮度のいい国産牛のミンチを炒める。炒めたあとの残り油にワインを加え、熱して鍋に入れる。

⑥炒めたミンチを鍋に移す。次第に水分が飛びはじめる。さらにじっくりコトコト煮詰めていく。

⑦ここで味を調えるため、コンソメスープを加える。

⑧同量の小麦粉と溶かしたバターを混ぜ、ソースを少量加えてゆるい状態になるまで練る。

⑨⑧を鍋に戻し、ソースにとろみをつける。

⑩最後の仕上げは、味を馴染ませること。およそ2日間寝かせて出来上がり。

c o n t e n t s

第2章
個性を生かして、愛されるお店づくり
魅力的なコンセプト設計をしよう

第3章
お客さまを呼ぶための準備を忘れずに
食材の仕入れ方、物件探し etc.

第4章 開業にかかるお金と、お店運営の方法

開業計画書の上手なまとめ方

第5章 オープン直前！ これだけはやっておこう

注目されるためのお店の条件

デリ＆お弁当の“本日のおススメ 豆知識”

Deli&Lunch Style 実践的アドバイス

column

コンビニやファストフード店が増え、
家庭で料理をする機会が減ってきた現代。
確かに便利にはなりましたが、
使われている食材の安全性や
栄養のバランスは少し気になるところ。
本書に登場していただいた10のお店は、
さまざまなスタイルとメニューで
お腹だけでなく心まで満たしてくれます。
あなたならどんなお店をめざしますか。

喜んでほしいから、このスタイル

八百屋さんに
「デリ＆お弁当」
をプラス。
野菜の魅力、
毎日発見!
808＋
(042p)

水曜日はロコモコの
お店が来る日。
ビルの谷間の
「屋台村」へ行こう!
Yummy-E
(048p)

3つの「顔」をもつ
女性オーナーは
オリジナル
ヘルシー料理で勝負!
asian vegetables dish biji
(054p)

日本と世界のスローなファストフード

日本に生まれて
よかったと実感!
代官山の人気
おにぎり屋さん
おにぎり田田
(060p)

肉料理にも
負けない満足感!
モリモリ野菜の
ピタサンド
Falafel Garden
(066p)

オーナーのこだわり　＝立地　＝お店づくり　＝接客　＝メニュー　＝テーマ性

第1章

人に喜ばれるレシピ＆お店づくりを学ぼう

並んでも食べたい！街でウワサのお店

毎日でも飽きないデリ＆お弁当

「美肌＆ヘルシー」になれる！天気のいい日はデリカフェでランチ

デリ＆カフェ ウーラン

(012p)

普通に手に入る食材を使い、独自にアレンジするアメリカンデリ

HAPPY DELI

(018p)

豊かな自然の恵みを生かしたオーガニックデリ＆レストラン

みどりえ

(024p)

子どもも大人も安心して食べられる味

旬の野菜を使った「精進フレンチ」で子どもたちに食の大切さを伝えたい

ル・ペイザン・ベジデリ

(030p)

お客さまがお客さまを呼ぶ！柔らか天然酵母パンのサンドイッチ

Open Oven

(036p)

「美肌＆ヘルシー」になれる！天気のいい日はデリカフェでランチ

お台場にあり、観光スポットと一線を画す、
高層マンションが林立する居住エリア。
そこに連日、近隣のオフィスに勤める女性が
行列をつくるほどの人気店がある。
フレンチ出身のベテランシェフが
腕をふるうのは、美肌やヘルシーを
テーマに栄養バランスを考えた、
本格的な味わいの家庭的料理。

デリ&カフェ ウーラン
東京都港区

飲食店の多いお台場だが、オープンから1年足らずで固定ファンを獲得。ショーケースに並んだ色とりどりのデリは、有機米のご飯か日替わりパンを選んでイートインもできる。料金を先に支払い、お客さまがテーブルまで運ぶセルフスタイル。

オーナーのこだわり

- …周辺エリアの都市開発を見越して、1～3年後の集客アップに期待して選んだ。
- …季節の素材をたっぷり使った20種類以上のデリを常時提供。お弁当は有機米のご飯か日替わりパンを選べる。
- …「美肌」や「健康」をテーマに、コラーゲンやビタミンなど女性が気になる栄養素を含む素材を中心に使用。

❶ランチタイムは毎日のようにたくさんの女性客がズラリと行列をつくる。❷天井高が5メートルもある空間は開放感にあふれる。南イタリアの土壁を思わせる内装に、ハンドメイドのテーブルとイスをゆったり配置。❸オーナーとシェフも売り場に立って接客。❹炒め物やサラダマリネなどのデリのほか、ヨーロッパのデリカテッセンのようにハムやデザートなど、幅広い商品を用意。❺ガラスを多く使っているので、外からでも店内の様子がわかる。コンクリートを基調とした無機質な空間が多いお台場の住宅街ではひときわ目立つ、オーガニックな配色だ。

1～3年後の集客アップを見込んで立地を決定

東京のメジャー観光スポット、ショッピングモールやアミューズメント施設の賑わいで、その名を知られるお台場だが、駅のすぐそばにも多くの大企業のオフィスや高層マンションが林立する居住エリアがある。

地上はうって変わって人通りの少ない殺風景な印象だが、ランチタイムになるや否や、毎日女性が行列をつくるほどの人気店がある。

それが、2005年9月にオープンした「デリ&カフェ　ウーラン」。「テーマは『美肌コラーゲン&ヘルシー料理が選べるお店』。野菜だけでなく、コラーゲンをたっぷり含むお肉を用いたデリもそろえました」と、オーナーの中馬茂輝さん。

ショーケースには、季節の野菜を使ったサラダ、彩り豊かなラタトゥイユ、ひじきの煮物、豚ポーローからプリンなどのデザートまで、さまざまなジャンルのデリが約20種類そろい、見た目にも楽しませてくれる。

イートイン・スペースは天井高が5メートルもあり、開放的なことこの上ない。お店全体には南イタリアをイメージしたスタッコ仕上げの壁を用い、カジュアルかつ温かな雰囲気も。ショーケースから好きなデリを4種類と、有機米か日替わりパンを選び、店内でのんびり食べる人が多いのも納得できる。

しかし、この盛況ぶりは中馬さんにも予想以上に早いものだった。この地に出店を決めたのは、お店をスタートする前から、近所に翌年完成予定の高層マンションの建設計画があったこと、また翌々年末には2つの大手企業の移転が決まっていたことから、新たなランチの需要があるはずと予測したため。

「オープン1～3年後の集客力を見込んでいました。だから、じつはマンションができるまでは、売り上げは期待できないと思っていたんです」と中馬さん。

❶4種類の好きなデリを選べるテイクアウト用「4種デリセット」（790円。ドリンクなしは690円）。マカロニのグラタン、若鶏の黒酢ピリ辛ヘルシー炒め、とろとろ豚ポーロー、キーマカレー。❷有機米か日替わりパンにドリンクまたは日替わり汁が付く、「4種デリセット」（790円）。写真はアボカドサラダ、ラタトゥイユ、タコポキのヘルシーサラダ、タラモエッグサラダ。❸❹20種類のデリ、スイートポテトやプリンなどのデザートまで充実。❺オーナーの中馬さん。❻午前中の仕込みを終えると、接客に回る秋葉シェフ。

高級ホテル出身のシェフが腕をふるう、旬の素材をたっぷり使った和・洋・中のデリ

当初は、近くのビルに出店するカフェと交渉し、ランチタイムにパック詰めのデリを店頭販売させてもらった。さらにお台場、有明エリア限定でケータリングサービスをはじめたことから、お店のウワサが口コミで広がり、徐々に知られるようになったという。

女性が気になる2大要素「美肌」「ヘルシー」に注目

お店をはじめたきっかけは、会社員時代に行きつけたデリカフェとの出会いから。おいしさもさることながら、何種類ものデリから自由に選べるスタイルや健康を気遣ったメニュー構成に感銘を受け、自分もそんなお店を開きたいと考えた。

そこで、女性をターゲットにしようと目をつけたのが美肌効果。コラーゲン、ビタミンC・Eや、ビタミンの一種・葉酸をバランスよく体内に取り入れると美肌促進効果があることを調べ、料理にはこれらの要素

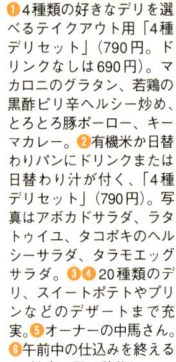

お店づくりのワザを学べ！

残ってしまう食材のムダを省く方法は？

20種類以上のデリを提供しているウーランでは、残ってしまうメニューがあるときは調理し直している。たとえばサラダに使った食材は、鮮度が悪くなる前に煮込んでピザやパンの具に。また、風味が落ちているわけではないが、通常250円のピザを180円に値下げするなど、サービス価格を設定して売り切っている。

厨房機器を安く購入するコツは？

厨房機器の新中古品を扱う専門店を数十軒回り、品質のよいものを入念に探した。しかし、なかなか気に入ったデザインで必要な機能をもつ機器が見つからず、「こういったデザインを探していますが、販売しているお店を知らないですか？」と、各お店で聞いてみたという。

「もちろん、そのお店でも何点か機器を購入しました。少しでも購入すると、意外と他店の情報も教えてくれるんですよ」と、中馬さん。価格面でも妥協せずに探し続け、満足のいく厨房機器をほとんど新品価格の3分の1でそろえた。

また、店舗の図面は3カ月以上かけて作成。細かいインテリアの配置まで決め、デザイン会社に発注。

「あとから買い足すと、結局あれもこれもと余計なお金を使うことになりがち。それなら最初から必要なものを、綿密に絞り込んだほうがいいです」

飲食店の経験がなくても開業できる？

オーナーの中馬さんに飲食店勤務の経験はないが、ファッションブランドの立ち上げなどを担当していたことからコンセプト設計、顧客ターゲットの絞り込み、内装やメニュー提案、経営実務などについての知識を生かしている。

現在、シェフの秋葉さんがメニューやレシピを考案するが、仕込みや料理はスタッフ全員が協力している。

なお、中馬さんが感銘を受けたという用賀のお店のオーナーにお願いし、スタッフ全員が1カ月間の研修を体験。料理づくりのほか、接客や料理の出し方など、実践的なノウハウを学んだ。

【開業資金の内訳】

店舗取得費	2,400,000円（家賃400,000円）
内装改装費（デザイン料込み）	10,000,000円
備品、什器費	3,000,000円
運転資金	3,000,000円
合計	18,400,000円

オリジナルのラスク、ガーリックトーストも販売。右はデリカフェには珍しい、箱根の仙石原から仕入れている手づくりハム。和牛、黒豚、地鶏など、良質の食材を中心に使用。

HISTORY オープンまでの歩み

2001年
商社に勤務し、海外ブランド品のフットウエア販売、営業、マーケティングを担当。

2003年
商社を退社し、アパレル関連の企業に入社。営業、マーケティングのほか、新ブランドの立ち上げを手がける。

2004年5月
アパレル関連企業を退社。11月、用賀のデリカフェに惹かれ、開業を決意。お店を立ち上げるために、有限会社グローテルを起業。

2005年9月
オープン。

i l l u s t r a t e d

【図解でわかる人気のヒミツ】

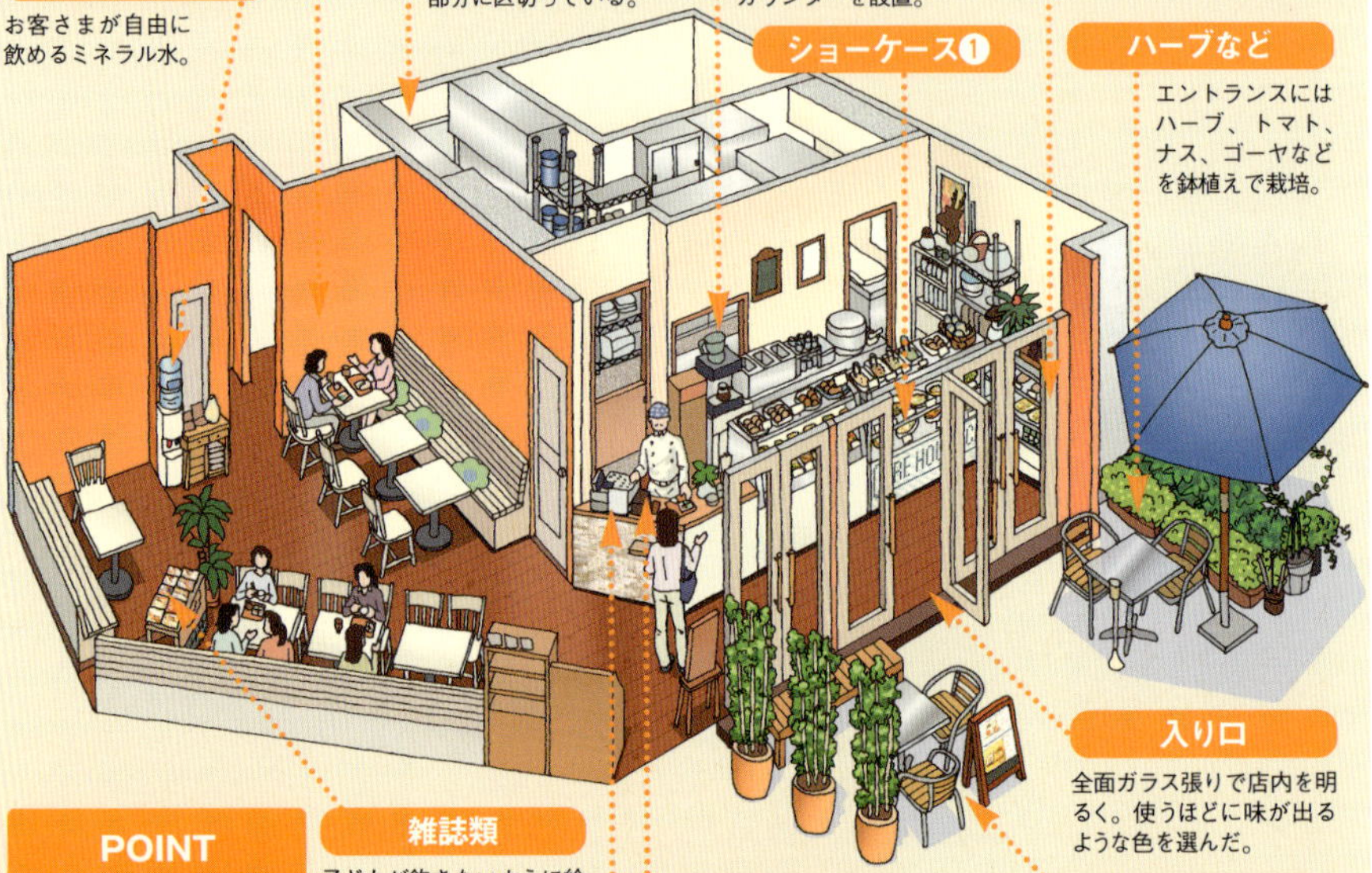
イートイン・スペース
店舗の奥に広がる、天井の高さが気持ちのいい空間。少人数でも大人数でも可。
ウォーターサーバー
お客さまが自由に飲めるミネラル水。
厨房
デリ、サラダ、デザートのそれぞれを担当する3つの部分に区切っている。
カウンター
お客さまが入店した際、キッチンからも見えるようにカウンターを設置。
食材販売
お客さまの選択肢を広げるために幅広い商品を用意。
ショーケース❶
ハーブなど
エントランスにはハーブ、トマト、ナス、ゴーヤなどを鉢植えで栽培。
入り口
全面ガラス張りで店内を明るく。使うほどに味が出るような色を選んだ。
テラス席❷
雑誌類
子どもが飽きないように絵本や雑誌を並べ、ファミリー層を配慮。
スタッフ❸
レジ

POINT
当初2階をつくる予定だったが開放感を重視して天井高5メートルの空間に。暖色系を基調にカジュアルな雰囲気を演出。

スタッコ仕上げの壁と、高い天井……。ランチタイムがまるでイタリアのリゾート！

をたっぷり含んだ食材をおもに使用することに。

また、お米は新潟県弥彦村の有機米コシヒカリに食物繊維豊富な押し麦をブレンドしたもの、パンは北海道産で無添加なうえに、小麦そのものの甘みが楽しめるハルユタカを使い、毎日焼き上げるなど、主食にもこだわって仕入れている。

飲食店の勤務経験がないため、高級ホテルで修業を重ねたフレンチ出身の秋葉丈夫さんを公募により採用。自慢のラザニアやムサカの特製ミートソースは2時間かけてじっくり煮込んだあとに2日間寝かせるなど、仕込みに多大な時間を費やす。フレンチの腕を生かした和・洋・中が充実するデリはテイクアウトもでき、家庭の主婦にも喜ばれている。

コンセプトから素材、調理法、お店づくりまで細かくプランを練り、いち早く人気店に急成長。飲食店での経験はなくても、必ずどこかに成功への道は開かれているのだ。

owner's choice

お客さまの体調に合わせて選べるデリを提案

ショーケースに並ぶデリのＰＯＰには、メニュー名と価格だけでなく、使用食材、素材に含まれる栄養素、各品目の効能、さらに星の数で表したヘルシー効果などを記載。

当初はメニュー名と価格しか書いていなかったが、お客さまのその日のコンディションに合わせて選びやすくしたという。文字を色分けしたり、太字にするなど、お客さまが読みやすいように配慮している。

さらに、多彩なデリを食べて多品目の栄養素を摂れるようにと、デリ4種類と日替わりパンまたは有機米のご飯、ドリンクまたは日替わり汁がセットになった「4種デリセット」（790円）など、おトクなメニューを用意。多品種のおかずを少しずつ食べることが好きな女性に人気を呼んでいる。

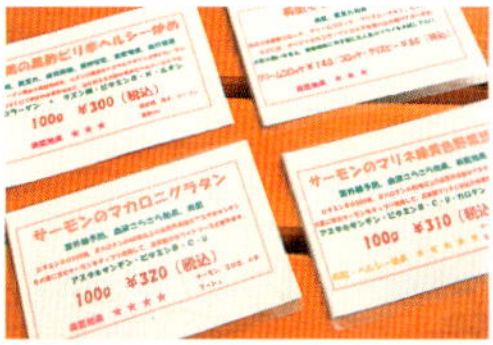

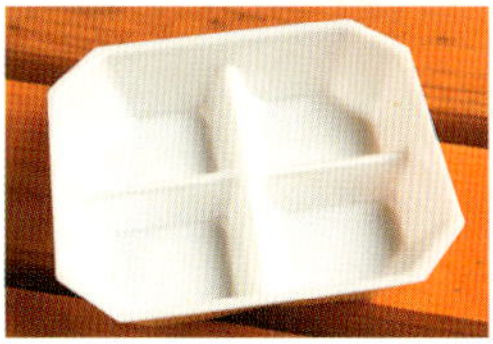

思わずじっくり読んでしまいたくなる、デリの説明書き。下はテイクアウト用のかわいいサイズの容器。

the shop

❶色鮮やかなデリは見た目も圧巻。ラタトゥイユ、サーモンのマリネ、緑黄色野菜やトマトなどを使ったサラダ、キーマカレー、豚ポーローなどのデリが常時20種類以上そろう。

❷天気のよい日は爽やかな風を感じながらのんびりと食べるお客さまも多い。鉢植えなども配され、癒しのスペースとして親しまれている。

❸スタッフは全員、厨房と接客の両方を担当。ランチタイムは列ができるほど混むので「接客専任スタッフがいれば少し楽かもしれませんが、15時からはお客さまは少ない。人件費を抑えるためにも頑張っています」

shop data

デリ＆カフェ ウーラン
住所／東京都港区台場1-3 シーリアお台場3番街5号棟106号
TEL／03-5500-3910
営業時間／11:00～20:00 定休日／日曜・祝日
URL／http://www.urandelicafe.com/index.html

デリ＆カフェ ウーラン オーナーからのメッセージ

テイクアウト専門にするかイートインを重視するか、ターゲット層をどこに絞るかなど、コンセプトを明確にしたあと、内装デザインやメニューを決めることが大切です。

「理想のお店をつくるには、つねに経費を考えながらも、コンセプトを曲げずに工夫すること」（店長の中馬信子さん）

普通に手に入る食材を使い、独自にアレンジするアメリカンデリ

安くておいしいデリを毎日でも食べてもらいたい！テラスのある明るい雰囲気のお店では、独自にアレンジしたアメリカ料理を提供。低価格で豊富なメニューは、着実に地元ファンを増やし、いまや毎日のように通う人も。

HAPPY DELI《ハッピーデリ》

神奈川県鎌倉市

鎌倉駅から近く、海まで歩いても15分という立地。2階にあるため、天気のいい日には爽やかな風が心地いい。毎日変わる総菜を楽しみに、地元の人が気軽に通ってくるとともに、休日にはお弁当をテイクアウトする人も多い。

オーナーのこだわり

…鎌倉という立地から観光客向けのお店が多いため、地元の人に向けたお店を開業。

…アメリカにあるデリがモチーフ。誰でも気軽に入れる雰囲気を演出している。

…手に入れやすい素材を使って、できるだけ安くおいしいものを提供。

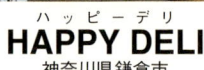

❶❷アメリカのダイナーを思わせるカウンター。ショーケースの8枚のトレイにはそれぞれ違ったデリが並ぶ。毎日違う種類を買いにくる人も。❸道路側の大きな窓に沿ってイートインのカウンターがあり、爽やかな光を浴びながら食事を楽しむことができる。❹鎌倉駅西口から200メートルほどの好立地だが、緑も多く落ち着いたロケーション。階段を上っていくアプローチは、どこか別荘のよう。

日常的に使われるアメリカのデリをイメージ

鶴岡八幡宮をはじめとする観光スポットの多い鎌倉駅周辺。とりわけ八幡宮と由比ケ浜をつなぐ若宮大路がある東口は、1年中多くの観光客で賑わうが、その一方で西口は地元の人の生活拠点。駅から少し離れただけで緑と住宅地が広がり、落ち着いた風情が感じられる。

「HAPPY DELI」があるのも西口だ。オーナーの高橋正男さんがここにお店を開こうと思ったのは、以前住んでいたということもあるが、地元の人たちに気軽に食べてもらえるデリを提供したかったから。

「日本ではデリといえばカフェ併設のお店が定番になりつつありますが、アメリカのデリといえばテイクアウトでもイートインでも、ブラウニー1つから買いにいけるような気軽なお店が当たり前なんです」

このお店を開く前は、北海道でペンションを経営。毎年オフシーズンの夏は、アメリカなどへ海外旅行に。「テントやユースホステルに泊まるような旅をしていたので、値段の安いデリはありがたかったですね」と、その手軽な存在が忘れられず、いつか日本でそんなお店を開きたいと思うようになった。

気軽に食べられるようにできるだけ価格を抑える

扱う総菜は、アメリカのデリで出会ったものや、海外のレシピ本から自分なりにアレンジしたもの。フレンチやイタリアンのように珍しい食材や調味料は使わない。普通に手に入る食材を、おいしく調理し、安く提供したいという。

たとえば根菜類を使った「カボチャ、サツマイモ、ジャガイモのサラダ」、ナス、ピーマン、ニンジンなどを使った「グリル野菜のサラダ」、ひよこ豆や緑豆など豆だけを使った「6種類の豆のサラダ」など。味つけに使う調味料もアンチョビやバル

❶テイクアウト用のBIGサイズ。この日のグリル「ガーリックハーブチキン」と「クリームチーズと野菜のサラダ」「カボチャ、サツマイモ、ジャガイモのサラダ」をチョイス（600円）。❷イートインはこの皿で提供。ご飯とデリ2種類が400円、3種類が600円。❸近くに住む子どもたちにも人気。❹ナス、パプリカ、ズッキーニなどの野菜を焼いてバルサミコで味つけした「グリル野菜のサラダ」（250円／100グラム）。❺根菜の甘みをマヨネーズとマスタードの酸味でさわやかに仕上げた「カボチャ、サツマイモ、ジャガイモのサラダ」（200円／同）。❻ブラウニー（1個200円）、ハーブラフ麦パン（1個100円）も自家製で提供している。

安くて、おいしくて、手軽！アメリカンスタイルのデリ

サミコなどお馴染みのものばかり。

価格はデリが100グラム200円〜、お弁当は2種類の総菜とご飯でS／400円、M／500円、3種類の総菜とご飯がのるBIGサイズが600円。できるだけ安く抑えるために、その日手に入る食材の仕入れ原価を考慮して値段を設定する。BIGサイズに使われる大ぶりの容器は、アメリカのデリで一般的に使われているもので、問屋街を探し回りようやく見つけたものだ。

ショーケースには8種類のサラダ系デリが、湯せん器にはカレーやスープ系が3種類並ぶ。毎日3〜4種類を入れ替え、いつ来ても飽きさせない品ぞろえを心がけている。

品数は多くなくてもお客さまに満足を！

当初は、売れ残りのロスを少なくするため、少量だけつくり、売り切れたぶんは追加してつくっていた。そのため、すぐになくなるものも多

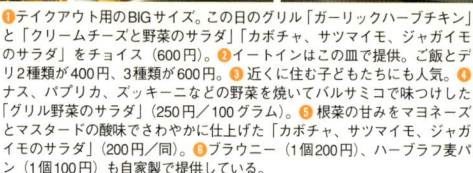

お店づくりのワザを学べ！

初期投資を抑える工夫は？

お店は以前アンティークショップだった物件。壁紙や照明などは残っていたのでそのまま活用している。ガスや水道などの設備以外の厨房機器は、中古品でそろえたもの。

お店のロゴマークは、パソコンに入っているフォントを拡大・プリントアウトし、それに合わせてカッティングシートでつくったもの。ファサードにあるロゴも、カッティングシートと発泡スチロールで立体的に仕上げた。カウンターのペイントなども自分で手がけている。

このようなコストダウンを図ることで、内装工事費と厨房設備費を併せて200万円で開業にこぎつけた。

レシピはどうやって考えるの？

現在ストックしているレシピは、サラダ系デリが40種、グリル系が20種ほど。ペンションを経営していたときに出会った海外のデリ、レシピ本などを参考に、自分なりに調味料を変えたり、味を足したりしながら、オリジナルのレシピを完成。

野菜だけ、豆だけなど、シンプルな組み合わせのデリが多く、幅広い客層に受け入れられやすいのが強み。それと同時に、火の通し方や味つけ方など、種類ごとに仕込み手順が違い、家庭では手間がかかる料理で付加価値をつけている。

仕込みや調理の手順は？

毎日15時ころにはほとんどのデリが売り切れ、夕方からは客足も少なめ。そのため、毎日その時間になると翌日のレシピを考え、買い出しに行く。その後、17時くらいまでは仕込み。食材のカットや、火を入れてから冷まさなければならない食材にあらかじめ火を入れておく。

翌日は8時から味つけなどの最終行程。時間のかかるものや冷やさなければならないものからとりかかる。グリルの調理は正午近くになってから。ランチ時にアツアツを提供できるようにするためだ。

【開業資金の内訳】

店舗取得費（保証金）	1,600,000円
内装工事費	1,300,000円
厨房設備費	700,000円
合計	3,600,000円

店名にもある「HAPPY」を「福」の漢字でビジュアル表現。ユニフォームのTシャツにもプリントしている。同じものを店内で販売。

HISTORY オープンまでの歩み

1986年
ペンションを経営するため北海道へ移住。

1996年
オフシーズンにアメリカやオーストラリアなどへ旅行。デリに出会い、日本でアメリカンスタイルのデリの開業を考えはじめる。レシピのストックをはじめる。

2001年
ペンションを売りに出す。

2004年1月
売却決定、物件探しを開始。6月、住居と店舗物件が見つかる。7月、ペンションを引き渡し鎌倉へ引っ越す。

2004年8月
工事開始。9月、オープン。

illustrated

【図解でわかる人気のヒミツ】

黒板①

カウンター③

湯せん器
夏はカレーやソースなど、冬はスープなどを保温しておく。

ショーケース
8枚のトレイが並ぶ。毎日3〜4種類を入れ替える。

入り口

メニュー

立地
観光客向けのお店も多い地において、地元の人に愛されるお店。

レジ

料理教室
希望があれば、親子そろってお店の人気メニューづくりに挑戦できる。

窓
大きな窓ガラスは、店内を明るく照らし出す。

イートイン②

テラス席
子ども連れのお客さまも多く、子どもたちのお気に入りの場所。

POINT
気軽に入れるように、店内のつくりはできるだけシンプルに。ポスターなど細かい部分で、本場の雰囲気を演出。

光と風、緑を身近に感じる、シンプルかつ開放的な店内

く、お客さまに迷惑をかけることもしばしばだったという。

「天気や曜日によっても客足が全然変わります。でも、いまは流れを読めるようになり、毎日ちょうどいい分量を予測してつくっています」

　店頭に並ぶ数は決して多くないが、物足りなさを感じるお客さまは少ない。それも毎日いくつかのメニューを入れ替えて目先を変えていること、品数を抑えることにより納得いく味に仕上げているためだ。

　そんな高橋さんの総菜を求めて、多くのお客さまがお店を訪れる。平日は9割がリピーターで、その多くがランチタイムに集中するため、15時ころにはほとんどの商品が売り切れてしまうほど。

「ハッピーになってもらいたい」という思いが通じているのは、訪れる人の気取りのない表情からうかがい知ることができる。テラスで風を感じながら食べる子どもたちにも、ここは特別の場所であるに違いない。

owner's choice

料理のルーツも さまざまなアメリカ料理

お店のデリを見てもわかるように、アメリカ料理といってもヨーロッパや中南米からのものが多く、どこか無国籍風にも感じられる。

シーフードのフリッターやローストターキーはイギリスから、ジャンバラヤなどのケイジャン料理（ルイジアナ地方に移住したフランス語系の人たちの食べ物）はフランスから、タコスやチリビーンズなどはメキシコからそれぞれ入ってきたもの。さまざまな人種がいるだけにアメリカ料理といってもバラエティに富んでいるのだ。

それらにポテトサラダやミートローフ、マッシュポテトなどのアメリカ家庭料理も含め、気に入ったものを自分流にアレンジ。日本で手に入る食材を使ったり、調味料を変えてみたりして、納得いく味になったものをレシピとしてストックしている。

上はタコライスの具である「タコミート」と「イタリアンパスタサラダ」の組み合わせ。下は毎日キッチンのオーブンで焼き上げる自家製パン。これだけ買いにくるお客さまもいる。

the shop

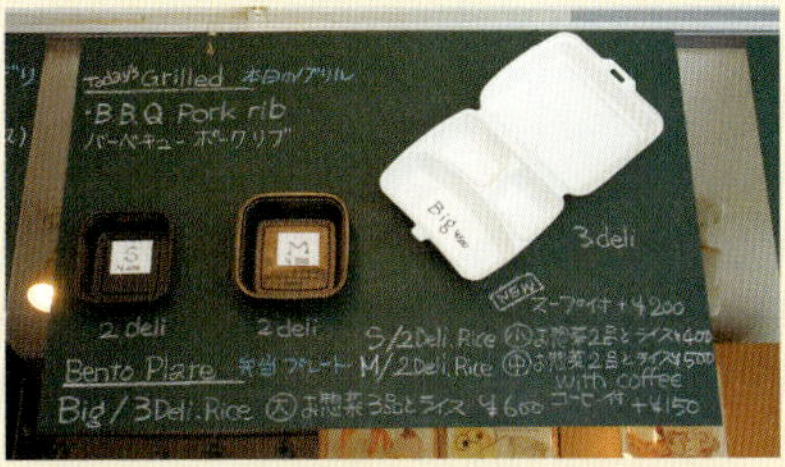

①一般的なベニヤ板に黒板用の塗料を塗ってつくった黒板。手書きのメニューだけでなく、お客さまへの目安として、テイクアウト用の容器のサンプルも各サイズ掲示している。

②カウンターは、安い木材と強化ガラスで大工さんに組み立ててもらった。荷物を掛けられるように、一定の間隔でフックを付けている。イスはリサイクルショップで見つけたもの。

③レジカウンター全体を、高さに制限のある湯せん器と厨房機器に合わせてつくった。オープンキッチンのようにすることで、開放感とともに食欲と安心感を与える効果も。

shop data

HAPPY DELI
住所／神奈川県鎌倉市御成町15-7
TEL／080-5591-0135
営業時間／8:00～18:30（土曜～18:00）
定休日／日曜
URL／http://www18.ocn.ne.jp/~hpydeli/

HAPPY DELIオーナーからのメッセージ

本来、デリは毎日食卓にのぼるもの。高級な食材はなかなか使えません。だから、普通に手に入る食材を生かし、いかにおいしく料理するかが自分の役目です。

「ご希望があれば、料理教室も開催しています。多くの人にこのデリの味を知ってもらいたいですね」

豊かな自然の恵みを生かしたオーガニックデリ＆レストラン

オープンから５年を経て、
地元だけでなく遠方からもファンが訪れるお店に。
長年の不調から自分を救ってくれた
オーガニック野菜のもつ力やおいしさを、
より多くの人に伝えたい。
そんなオーナーの思いが詰まった
お店はいつも笑顔であふれている。

みどりえ

東京都目黒区

学芸大学駅から約４分と、アクセス良好。通りに面した窓が広く、店内はすがすがしい。入り口を入ってすぐの壁面には、ジュースやソースなど、オーガニック食材も陳列販売。開店とともに数多くのお客さまが駆けつけ、店内は賑やかになる。

オーナーのこだわり

- 女性１人でも気軽に入れる、開放的なお店づくり。明るい雰囲気のレストランも併設している。
- 野菜中心のデリやお弁当、デザートなど。お店で使う食材やジュースなども販売。
- からだにやさしいオーガニック素材を使ったデリ＆レストラン。

❶入り口を入った正面にデリのショーケースがあり、その奥は広めのレストランに。開店と同時にお客さまが来店し、席は次々と埋まっていくほどの人気。❷❸デリは対面販売式のショーケースに。お弁当は注文を受けてから調理し、いつも新鮮なものを提供している。❹ティータイムメニューとしてオーガニックコーヒー、チャイ、スイーツなども用意。❺駅から少し離れたマンションの1階にあり、自転車で来店する人も多い。

病気をきっかけに食の大切さを実感

「緑の恵み」を届けたい！　オーガニックレストラン&デリの「みどりえ」の店名には、オーナー・萬英子さんのそんな願いが込められている。その名にふさわしく、ショーケースには野菜を中心とした色とりどりのデリがぎっしり。農薬・化学調味料不使用の野菜や、国産大豆を使った豆腐など、その素材の1つひとつは萬さんが厳選したものだ。

「本当によい素材は、味つけに頼らなくても、それ自体のうまみがあっておいしいですからね」

旬の野菜などを使ったランチでは、その日のメインディッシュに副菜3品とみそ汁、デザートが付く「みどりえ楽膳」（1000円）など7種類。テイクアウトでも、デリ3品が付く「日替わりオーガニック弁当」（787円）のほか、「地鶏のキーマカレー」「温泉卵の八菜丼」（ともに714円）など、好きなメニューでバランスのとれた食事が楽しめる。

そんなオーガニック料理の素晴らしさを伝えるべくはじめたお店だが、以前はそれほど食に関心がなかったのだとか。10年ほど前、会社に勤めていたころは、仕事が忙しく、食事をジャンクフードですませることもあったという。そんな萬さんが食に目を向けるようになったきっかけは、重い病気にかかってしまったこと。なかなか体調が戻らず、悩みながら試行錯誤した末に「結局、基本は食にあるんだ」という考えに。

「添加物の少ない野菜中心の食事に変えていったところ、調子が目に見えてよくなりました」

食が健康に強く結びついていることを実感するとともに、それに感動。おいしくてからだにいい食事をみんなに広めたいと考えるようになった。しかし、当時はオーガニックという言葉もそれほど浸透していない時代、気軽に持ち帰れるお弁当もほとんど皆無という状態だった。

❶「温泉卵の八菜丼」（テイクアウト714円）は、無農薬・無化学肥料栽培された旬の野菜8種類を素揚げし、温泉卵（自然卵・有精卵）と特製ソースで仕上げた自信作。❷「茄子と豆腐の肉味噌炒め」（1人前420円）。❸「海老と豆腐の団子野菜あんかけ」（1人前525円）。❹デリのテイクアウトは好きな3品を選んで840円。❺日替わりランチの「みどりえ楽膳」（1,000円）はメインディッシュに副菜3品、みそ汁、デザート付き。❻ご飯は玄米、胚芽米、黒米を混ぜた胚芽米の3種から選べる。

色とりどり！ しっかりした味つけの 日替わりオーガニック弁当＆デリ

そこで、「これはもう自分ではじめるしかない」、と思い立った。

オーガニックの良さをたくさんの人に知ってほしい！

お店をはじめるにあたり、まず勉強のためにさまざまなレストランで働き、素材の選び方や経営ノウハウなどを学んだ。そして、修業をはじめて8年、レストランを辞め、いよいよ自分のお店づくりに取りかかる。場所は駅からのアクセスがよく、健康や食に関心の高い富裕層が多い学芸大学駅を選んだ。

「アクセスの良さは大切。どんなにおいしくても、歩いて20分のところには行かないですよね」

お店のデザインや内装は、明るく開放的なものにしようと決めていた。現在と違い、オーガニックレストランといえば地味で質素なイメージが強かったからだ。窓は広くとり、外光のたくさん入る店内に。内装やインテリアはデザイナーに一任し、

お店づくりのワザを学べ！

集客力を上げるには？

オープンから丸5年がすぎ、いまやオーガニックレストランの草分け的存在となった「みどりえ」だが、開店当初は思うように売り上げが伸びない時期があった。

「やはり最初はなかなかお客さまがいらっしゃらないですから。赤字になる月もありました」と、萬さん。

そこで見直したのが、お店の看板。オープンしたばかりのころは、ボードに店名が書いてあるだけの簡単なものだったが、メニューの写真を大きく入れ、色合いも明るく親しみやすいものにリニューアル。

「お寿司屋さんやイタリアンレストランなどと違って、オーガニックレストランという言葉を聞いても、お客さまはなかなか具体的な食事を想像できないですから」

イメージを明確にし、お客さまの不安を取り除く工夫をしたところ、少しずつ来客数が増えていったという。経営を軌道に乗せるには、お店のコンセプトを固めるだけでは不十分。それをいかにうまく伝えるかで、お店の成功の可否が決まってくるのだ。

ホームページやブログは必要？

お店のコンセプトを効率よく伝えるのに有効なのが、ホームページやブログ。とくにオーガニックのような特殊食材を扱うならホームページは必須だ。同店でも当初からホームページを開設している。

「お客さまにとってはどんな食材を使っているのかなど、不安要素がいっぱいあるもの。そんな不安を解消するのに、ホームページは役立ちます」

05年の夏にはデリのレシピを紹介したブログを開設。06年の2月に開始したネットショップに先駆けた。リンクを貼ってホームページのアクセス数を増やし、ネットショップの売り上げ増を図ったという。

その狙いは的中し、アクセス数はアップ。お店に来店する人の数もかなり増えたという。

【開業資金の内訳】

店舗取得費	非公開
内装工事費	14,500,000円
備品、什器費	非公開
運転資金	非公開
合計	24,500,000円（自己資金900万円）

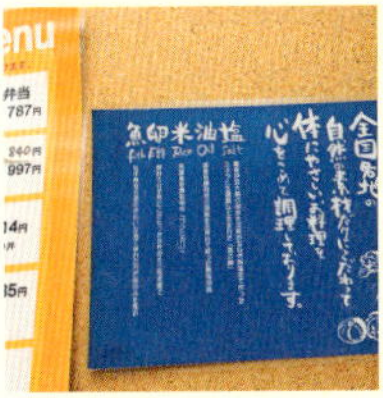

オーガニック食材を使用していることは、店内のパンフレット、物販用商品のPOPなど、あらゆるところで詳しく紹介している。

HISTORY オープンまでの歩み

1993年
自分のお店をもつことを決意。さまざまなベジタリアンレストランやオーガニックレストランで修業。

2000年春
オーガニックレストランを辞め、開店準備にかかる。物件を探すも、飲食店ということで断られ続ける。

2000年12月
現在の物件を見つける。やはり断られるが、地域の自治会に何度も足を運び、物件を取得。

2001年1月
店舗工事が開始。内装とインテリアは同じデザイン会社に一任し、コストを抑える工夫も。

2001年2月
オープン。

i l l u s t r a t e d

【図解でわかる人気のヒミツ】

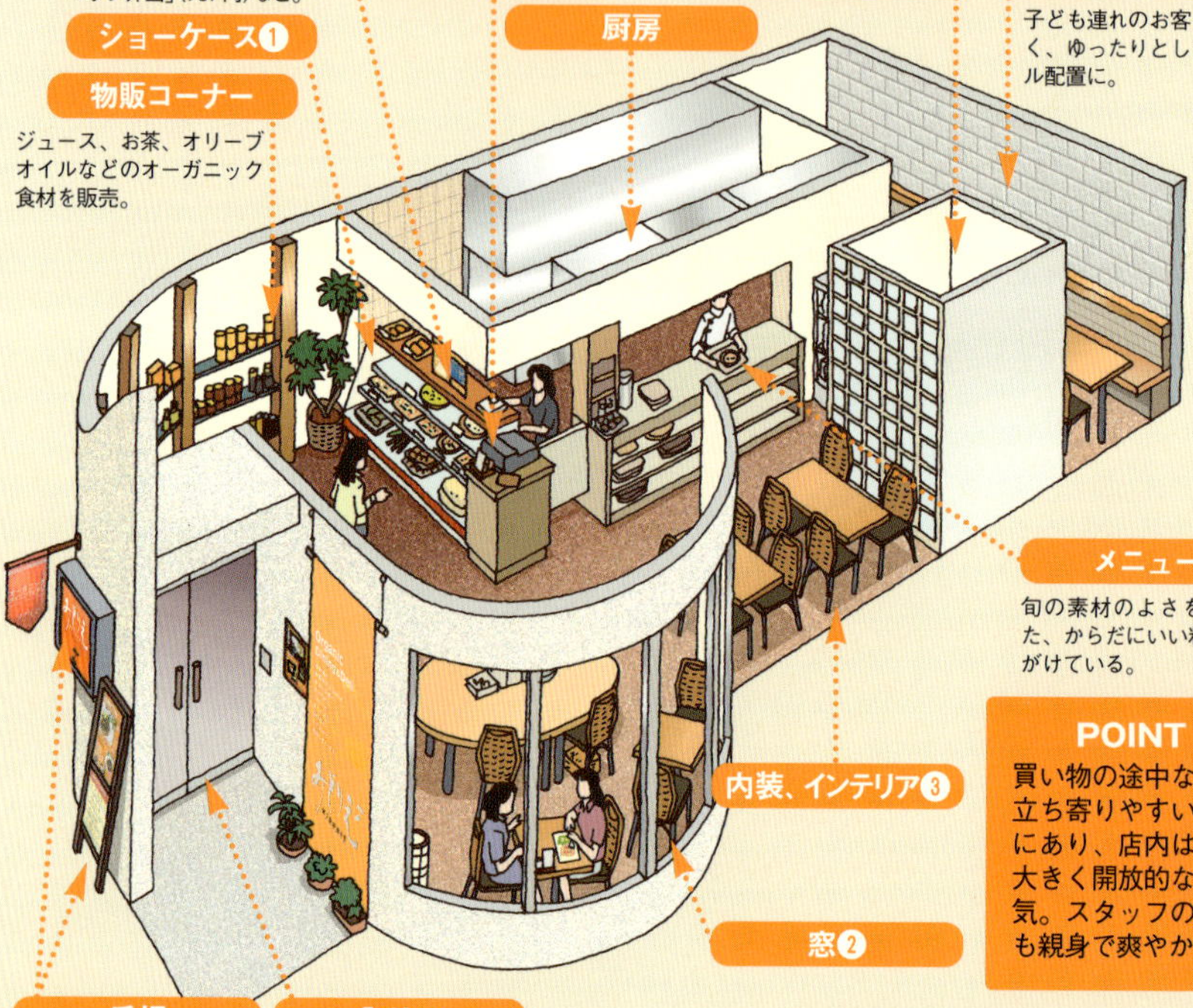
テイクアウトメニュー
毎日変わるメイン総菜に副菜3品の「日替わりオーガニック弁当」(787円)など。
レジ
トイレ
テーブル席
子ども連れのお客さまも多く、ゆったりとしたテーブル配置に。
厨房
ショーケース①
物販コーナー
ジュース、お茶、オリーブオイルなどのオーガニック食材を販売。
メニュー
旬の素材のよさを生かした、からだにいい料理を心がけている。
内装、インテリア③
窓②
看板
よく目立つ配色に。料理の写真が入ったものも設置している。
入り口

POINT
買い物の途中などに立ち寄りやすい立地にあり、店内は窓が大きく開放的な雰囲気。スタッフの接客も親身で爽やかだ。

ゆっくりと食事を楽しめるよう テーブルは余裕をもって配置

洗練された、女性1人でも入りやすい雰囲気に仕上げた。デリとレストランを併設したのは、お客さまのニーズになるべく応えたかったから。「家にお米があるから総菜だけ買おうとか、今日は食べて帰ろうとか、お客さまによってニーズは違います」と萬さん。デリのメニューは日替わりで提供し、毎日来店しても食べ飽きないよう工夫している。

当初は売り上げに悩んだこともあったが、こうしたこまやかな配慮が実り、固定客の獲得に成功。開店から6年目に入った2006年、「みどりえ」は、遠方からもお客さまが訪れる人気店へと成長した。長く続けるために大切なのは、自分のお店にしかないオリジナリティを表現すること。そして夢に対する志を強くもつことだと萬さんは語る。

「起業したときの気持ちが5年間変わらずにいる人は続きます。うまくいかないことは誰にでもある。そこをどう頑張るかです！」

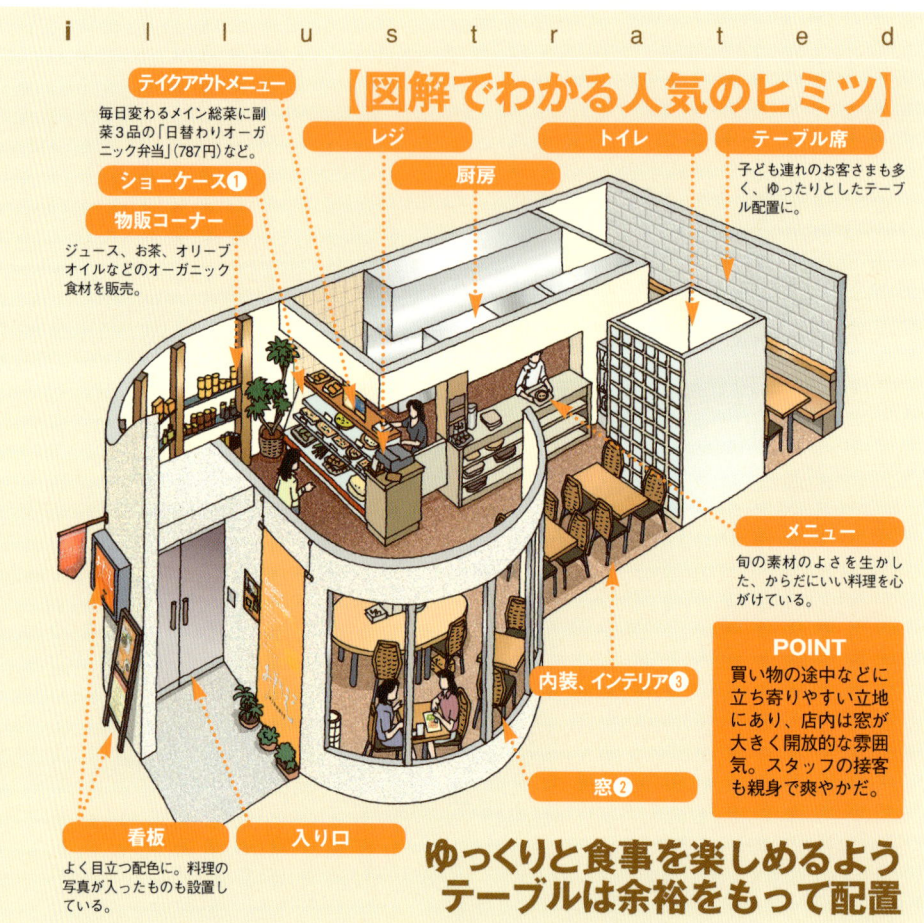

owner's choice

困難があるのは当たり前！あきらめずに道を探そう

「じつは学芸大学という立地に、とくに思い入れはないんです」と、萬さん。物件探しの条件は、駅からのアクセスの良さに加え、レストランも併設するため、広さは15坪以上で、かつ1階の物件であること。これらをクリアしたのが現在の物件。だが、見つけるまでには相当な苦労があったそうだ。

火を使うことやゴミの問題などからいい印象をもたれず、断られてばかり。半年間探し続け、ようやくこの物件と巡り合ったが、やはり返事はNO。でも、これではいつまでたってもオープンできない！　と奮起。

そこで、萬さんは地域の自治会に直談判。何度も通って開業の意義をアピールし、ようやく許可を得られた。夢を実現するには「自分のやりたいことを明確にし、困難があってもあきらめないこと」と、萬さんはアドバイスする。

マンションの1階で周辺に商業施設が多いこと、バス通りであることなども、お店を知ってもらうのに役立っている。

the shop

❶鮮やかな色合いのデリがズラリと並ぶ。日替わりのため、毎日でも飽きずに楽しめる。テイクアウトのご飯は玄米か胚芽米のどちらかを好みで選べる（1人前315円）。

❷大きくとられた窓は開放感がいっぱい。くつろいで食事をしてほしいから、併設したレストランは広く、ゆったりとしたつくりにしている。

❸洗練された内装とインテリアは、デザイナーにイメージを伝え、設計を一任。コストを抑えつつ、統一感があり、雰囲気のいいお店づくりに成功した。

shop data

みどりえ
住所／東京都目黒区鷹番2-21-10
TEL／03-5721-6655
営業時間／11:45～23:00（L.O.22:00）
定休日／無休
URL／http://www.midorie-organic.com/

みどりえオーナーからのメッセージ

うまくいかないことは誰にでもあります。大事なのは、夢に対する気持ちを強くもって、絶対にあきらめないこと。

「10年後に残っているお店は本当に少ない。そのくらい厳しいということを自覚して、ビジョンをしっかりと！」

旬の野菜を使った「精進フレンチ」で子どもたちに食の大切さを伝えたい

見た目も爽やかなオードブルに、
新鮮なフルーツに彩られたデザート……。
ショーケースに並ぶカラフルな料理には、
子どもから大人まで誰もが食を楽しみ、
健康になってほしいとの思いが込められる。
香川から、そして大阪から発信される、
野菜だけを使ったフレンチの魅力とは？

ル・ペイザン・ベジデリ
大阪府吹田市

緑の多い住宅街にあることもあり、のんびりした雰囲気が漂う立地。店内はすっきりとしたデザインのため、小規模ながら開放感があって心地よい。イートイン・スペースは、近くに住む主婦や家族連れでいつも賑わっている。

オーナーのこだわり

- …子どもが多い場所に開店したかったから、緑の多い住宅地を選んだ。
- …旬の野菜だけを使った「フレンチ精進料理」。オードブル、メインからデザートまでそろう。
- …おいしく見た目も美しい「精進フレンチ」で、食の大切さを知ってほしい。

❶ショーケースに整列したデリやデザートは、思わずうっとり！ どれも色鮮やかで、眺めるだけでも幸せな気分に。❷ムダのないすっきりした内装なので、小さいお店ながら圧迫感がなく居心地抜群。ランチやティータイムともなると、イートイン・スペースで食事を楽しむ人で店内は賑やかになる。❸❹フレンチのオードブル、メイン、デザートのほか、サンドイッチなどの軽食もある。❺閑静な住宅地に落ち着いた表情でたたずむお店の外観。

旬の野菜を使った「精進フレンチ」を提案

完熟トマトに新鮮なサラダをぎっしり詰めた「トマトのファルス」。ニンジン、キュウリ、アスパラガスなど、旬の野菜を市松模様に配してキャベツで縁取った「季節野菜のテリーヌ」などなど。ショーケースに並ぶメニューの数々は、まるで宝石のように色鮮やかで、どれにするか迷うのも楽しく、ワクワク気分。

大阪府吹田市の緑豊かな住宅地にあるフレンチ総菜とケーキのお店「ル・ペイザン・ベジデリ」では、旬の野菜をふんだんに使ったデリとデザートが楽しめる。

香川にある本店「ル・ペイザン」は、2006年で17年目となる、家族経営のフレンチレストラン。

「本店は野菜を使った本格的なフランス料理のお店です。私たちが提案する『精進フレンチ』をもっと広めたくて、アンテナショップとして2004年9月にこのお店をオープンしました」と、お店のマダムを務める小瀧真弓さん。

「精進フレンチ」とは、小瀧さんのご主人であるオーナーシェフが提案する、旬の野菜だけを使ったフランス料理。野菜は香川の契約農家や土佐の業者から仕入れたオーガニックものを使用。また肉や魚、卵のほか、中国の陰陽五行説でからだに害があるとされる、ニンニク、ニラ、らっきょう、ネギ、あさつきも使わないという徹底ぶりだ。

「ベジタリアンやアレルギーの方など、誰もが食べられるものにしたかった」と小瀧さん。

たくさんの人に「幸せ」を届けたい！

お店を出すにあたり、閑静な住宅街を選んだのは、子どもたちにもっと食を楽しんでほしかったから。

「決め手は目の前に公園があったこと。子どもさんがたくさん集まるし、緑の多い環境がお店のイメージにぴ

❶お弁当は予算に合わせてつくってくれる（写真は1200円）。玄米とゆかりを混ぜたご飯、豆腐のカツレツ、ラタトゥイユ、生湯葉など5種類のおかず、季節のフルーツが付く。❷清潔な厨房は作業台が広く、料理の仕上げなどが効率的に行える。❸「季節のトリコロールムース」（360円）は、乳幼児から食べられる人気メニュー。季節によって使う野菜は変わる。写真はブロッコリー、赤ピーマン、黄ピーマンを使用したもの。❹右から「季節野菜のテリーヌ」（250円）、「大豆パテのテリーヌ」（150円）、「巻き湯葉のテリーヌ」（200円）。❺旬の野菜サラダを詰めた「有機トマトのファルス」（360円）。

カラフルなデリやデザートがひしめくショーケースは、まるで宝石箱のよう

ったりでした」

それに、小さい子どもをもつ母親は、高級なフレンチレストランにはなかなか行けない。だから手ごろな値段でフレンチを楽しめるお店をめざしたという。

お店は、小瀧さんが香川と大阪を行き来して切り盛り。調理の負担と人件費を抑えるため、料理は冷凍したものを本店から輸送し、生ものだけは同店で仕上げている。広告は出さなかったが、この一帯におしゃれな料理を気軽に楽しめるお店が少なかったことも幸いし、口コミで広がった。

最初はデリ専門店としてオープンした。ところが、「ここで食べていきたいというお声が多かったので、開店から3カ月たったころ、イートインができるように席を増やしました」

現在は、デリやデザートのテイクアウトのほか、店内でランチやディナーを楽しむこともできる。

お店づくりのワザを学べ！

旬の野菜の使い方は？

本当に新鮮でおいしい野菜の味を知ってほしいから、できる限り旬のものを使う。定番メニューでも季節によって使う野菜を変え、旬の味わいを楽しめる工夫をしている。予算に合わせて総菜を詰め合わせるお弁当も同様。

旬の味覚を味わえるうえに、いつものメニューでも材料が変わると風味が変化するので飽きずに食べられると、お客さまにも評判だ。

見た目にこだわる理由は？

味はもちろん、見た目も美しく「気持ちが浮き立つような料理」を出すことがモットー。

「フランス料理は手間と見た目が大事。同じサラダでもトマトに詰めるというひと手間をかけるだけで立派なフレンチになります」

その姿勢には「子どもやその親たちに食への意識を高めてもらいたい」という思いがあふれている。「自分の子どもがアトピーで大変だったから、早いうちからからだによい食事をしてほしい」と、小瀧さんはいう。

たとえば、色鮮やかな野菜のムースを三層に重ねたオードブル「季節のトリコロールムース」は、かわいらしさもさることながら、生クリーム以外の材料は野菜でできていて、乳幼児から食べられる安全性が人気を呼んでいる。

ホームページの効果は？

大阪にお店をオープンするのと同時に、ホームページも開設。「野菜だけのフレンチって何？」「どうして野菜なの？」など、お店のコンセプトと特徴を詳しく説明し、野菜だけの「精進フレンチ」のよさをアピール。

「ホームページを見て遠くから来てくれる人も多い」というように、インターネットが集客に果たす役割は大きい。同店では、お店のウリを明確にし、お客さまの視点に立ったページ構成にしたことが、地元以外の顧客開拓の成功にもつながっている。

【開業資金の内訳】

店舗取得費	1,600,000円
内装工事費	8,000,000円
備品、什器費	5,000,000円
インテリア類	1,000,000円
運転資金	2,400,000円
合計	18,000,000円

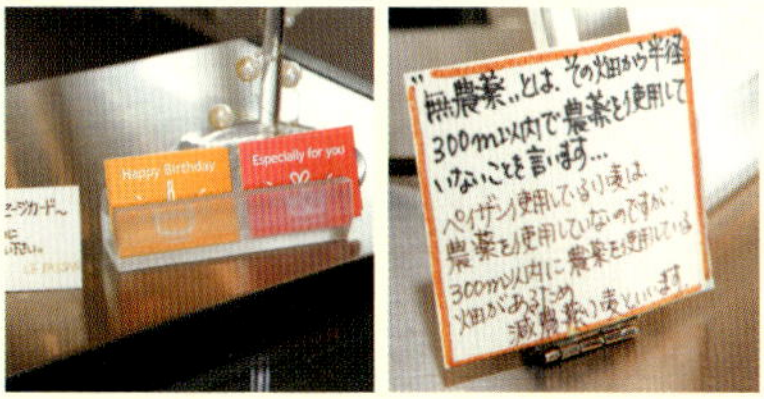

左は贈答品などに使うメッセージカード（無料）。デリのプライスカードには簡単なレシピを紹介するほか、「無農薬」と「減農薬」の違いなどもさりげなくPOPで説明している。

HISTORY オープンまでの歩み

1990年
香川・善通寺にフレンチレストラン「ル・ペイザン」をオープン。

2004年春ごろ
もっと「精進フレンチ」を広めようと、大阪へ出店を決意。本店を離れられないオーナーシェフのご主人に代わって、小瀧さんが大阪店を担当することに。

2004年夏ごろ
大阪・吹田市の物件を見つける。建築デザイナーに依頼し、内装工事を開始。店舗は約2カ月で完成した。

2004年9月
オープン。

illustrated

【図解でわかる人気のヒミツ】

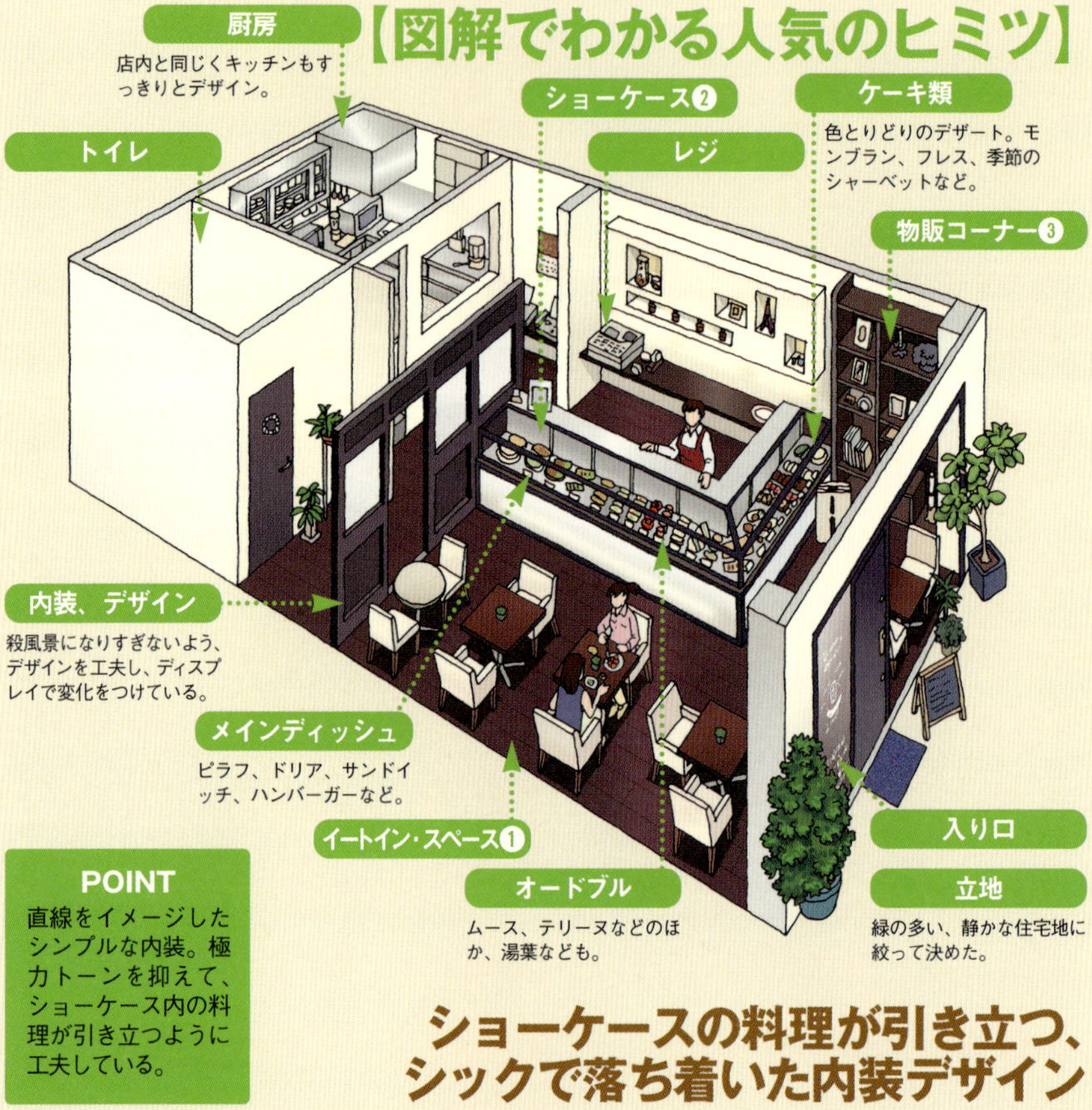
厨房
店内と同じくキッチンもすっきりとデザイン。
トイレ
ショーケース❷
レジ
ケーキ類
色とりどりのデザート。モンブラン、フレス、季節のシャーベットなど。
物販コーナー❸
内装、デザイン
殺風景になりすぎないよう、デザインを工夫し、ディスプレイで変化をつけている。
メインディッシュ
ピラフ、ドリア、サンドイッチ、ハンバーガーなど。
イートイン・スペース❶
オードブル
ムース、テリーヌなどのほか、湯葉なども。
入り口
立地
緑の多い、静かな住宅地に絞って決めた。

POINT
直線をイメージしたシンプルな内装。極力トーンを抑えて、ショーケース内の料理が引き立つように工夫している。

ショーケースの料理が引き立つ、シックで落ち着いた内装デザイン

なお料理には動物性の原料を使っていないが、一部に乳製品を使用。その理由は、「お子さんが喜んで買いにきてくれるよう、デザートは野菜だけにこだわらず、おいしく食べてもらえる材料を選んでいる」から。また、ケータリングや出張料理のサービスも、お客さまの希望をかたちにしたものだ。

お客さまのニーズをメニューや内装などに素早く反映したことも功を奏し、いまではリピーターの絶えない人気店へと成長。将来は梅田や京都などにも出店し、より多くの人が健康に、そして笑顔になるきっかけになればと、小瀧さんは考えている。「シェフはいつも、この仕事は幸せを売る商売だといっています。私自身、『死ぬ前にペイザンのスープをもう1回飲みたい』というおばあちゃんの言葉が励みになった経験があります。その気持ちを忘れず、今後も、お客さまに喜んでもらえるものをつくっていきたいですね」

owner's choice

お店と看板のデザインは「大地」と「野菜」がモチーフ

店舗デザインは、建築デザイナーにトータルで任せた。内装はスクエアなイメージのデザインにし、色調は木のブラウンと白の２色に絞っている。

お客さまが落ち着いて過ごせるうえに、お店がシンプルなぶん、ショーケースに並ぶ鮮やかな色合いの料理がより引き立つというメリットも。

内装のブラウンとデリの鮮やかな色という取り合わせは、「大地とそこで採れる野菜」をイメージしたものでもある。お店の看板にも、そのイメージを表現している。

大地の恵みである野菜を使った、色鮮やかな「精進フレンチ」の魅力が、料理だけでなくお店全体から力強く伝わってくる。

内装デザインだけでなくお店の看板にも、野菜の魅力を伝える同店の姿勢が表れている。

the shop

❶もとはデリ専門のお店だったが、お客さまからの要望を受け、開店３カ月で席数を増やした。おいしいフレンチを気軽に食べられると、多くの人に利用されている。

❷すっきりしたショーケースの中に、まるで宝石を陳列するように端正に並べられたデリやオードブルなどが目を引く。料理には、食べるだけでなく見る楽しみもあることを再確認できる。

❸オリジナルソースや焼き菓子などの販売もしている。自宅用のほか、ギフトにも対応。また予約すれば料理をプレゼントとして配送してくれる。とくに結婚や出産祝いに人気だとか。

shop data

ル・ペイザン・ベジデリ
住所／大阪府吹田市五月が丘北14-63
TEL／06-6875-5878
営業時間／10:00～21:00
定休日／第３日曜、月３回不定休
URL／http://www.paysan.jp/vegedeli/

ル・ペイザン・ベジデリ オーナーからのメッセージ

「いつかやろう」と思っているだけでは、なかなか夢は叶いません。「いつまでに必ずオープンする」といった具体的な目標を立てること。状況を見て決断する力を養うことも大事です。

「オーナーはお店を経営するうえでいろいろな決断を迫られることも多く、判断力をつけることが非常に大切です」

お客さまがお客さまを呼ぶ！ 柔らか天然酵母パンのサンドイッチ

長時間発酵により、柔らかで酸味を抑えた天然酵母パンを毎日焼き上げる。乳製品もバターも使わないのは、子どもたちにも安心して食べてほしいから。手間をかけて「自分たちが本当においしいと思えるもの」をつくる取り組みは、評判を呼んでお店はいつも大忙し！

Open《オープン》 Oven《オーブン》

千葉県市川市

駅から少し離れた住宅地の生活道路に面し、お客さまは買い物ついでの人や、子ども連れで来店する人が多い。近隣に天然酵母パンのお店は少ないことから評判が広まり、いまでは天然酵母パンだけでなくサンドイッチやデリ、デザートなどでも注目されている。

オーナーのこだわり

…朝早いパンづくりのため、店舗と住居の2つを兼ね備える物件であることを条件に探した。

…料理に使った素材などについて詳しく説明。電話やメールでの予約も可。お客さまとの会話を大切にしている。

…自家製の天然酵母、北海道産小麦ハルユタカを使用するパンやデリ、デザートも。アレルギーの人にも安心できるメニュー。

❶天然酵母パンは、食パンやベーグル、ライ麦パン、くるみパンなど。❷日替わりのデリ、デザートも人気。つねに忙しい享世さんだがお客さまとの会話も欠かさない。❸入り口脇にあるソファはベビーカーの高さに合わせてセット。❹自家製スモークの地鶏、サーモンをサンドイッチに使用。❺トマトやナスとアンチョビ、キノコなどをのせた総菜パンも種類豊富。

夫婦がそれぞれの得意分野を生かしてメニューづくり

千葉県市川市の住宅地、2階建てマンションの1階にある「Ｏｐｅｎ Ｏｖｅｎ」は、天然酵母パンとサンドイッチ、日替わりデリ、スープなどが人気。本多弘幸さんと享世さん夫妻が経営するお店だ。ランチメニューもあるが、とくに土・日曜にはサンドイッチがよく出るという。

たとえば、「自家製スモークサーモンとクリームチーズ」（315円）、「自家製スモークチキン＆レタス」（同）など全5種類のフィリングをフォカッチャ、ライ麦パン、くるみパン、ベーグル（2種類）のうち好きなパンに挟んでくれる。イートインの場合、スモークチキンはソテーし、パンも温めて提供している。

サーモンや地鶏はサクラのチップで自家燻製、有機栽培のレタスも享世さんの実家で採れたもの。また、天然酵母と北海道産小麦ハルユタカで焼き上げた無添加・無着色のパンは、噛むほどに小麦の旨みがじわりと広がり、ボリューム感のある食事として十二分に楽しむことができる。

「具は○○を抜いて、といったご注文もOKです。電話をいただき、後で取りに来られるお客さまも多いですね」という享世さんがパンづくりを、夫の弘幸さんがイタリア料理店での経験を生かし、デリやパスタなどの料理を担当する。お店では卵やバターなどの乳製品を用いないので、アレルギー体質の人にも好評だ。

昼近くなると、母親同士で子どもを連れて次から次へと来店し、お店に入りきらないことも。広めのソファはベビーカーの高さに設定され、子どもの世話もしやすい。

「お母さんたちのネットワークのおかげでしょうか、健康に気遣う人たちやアレルギーをもつ赤ちゃん、離乳食のパン粥にするパンを買いにくるおばあちゃんまで、お客さまの年齢層は幅広いですね」

デリは人気の「エビとブロッコリ

❶「スモークサーモンとクリームチーズ」をプレーンベーグルでサンド（315円）。❷「スモークチキン&レタス」をフォカッチャでサンド（315円）。❸昼のセットメニューは天然酵母パン、スープ、デリ（2種類）、ドリンク付き（800円）。❹ポテトとローズマリーのフォカッチャ（157円）などの具材をのせたパンも充実。❺デリの一番人気「エビとブロッコリーサラダ」（294円／100グラム）。❻「カジキマグロとポテトのオーブン焼き」（294円／100グラム）。

すべてのメニューを手づくりし、お店の個性を手間ひまかけて表現

ーサラダ」「サーモンとアボカドのサラダ」（どちらも294円／100グラム）など、毎日6〜7種類を用意。お客さま1人ひとりに控えたいものを確かめ、それを使用しない料理をお勧めして喜ばれている。

自分たちがおいしいと思うものを一貫して提供

お店を開く前から、自分で焼いたパンを友人に配ることが楽しみだった亨世さん。シェフ経験の長い弘幸さんは「いつかは自分のお店をやりたいだろうな。でも本格的なレストランはお金もかかるし」と考えていた。だからカジュアルな雰囲気のカフェスタイルにしたのは、亨世さんの希望から。幸い周辺に同じようなお店がなく、当初から好調だった。

「自分たちがおいしいと思ったもの」を一貫して提供。お客さまの来店時は明るく声をかけ、いないときは片時もムダにせず手を動かしている――それらすべてがお客さま本位の仕

お店づくりのワザを学べ！

仕込み時間とお店に出すタイミングは？

デリは常時6～7種類を提供するが、素材や味つけによって仕込みにかかる時間を変えている。

たとえば、一晩寝かせて味を含ませたほうがおいしい「秋刀魚のハーブ焼き」「豚バラのトマトソース煮」などは前日に仕込む。一方、つくりたてがおいしいサラダや和え物などは下準備までを前日に、仕上げは営業前に行っている。

その料理がショーケースに並んだとき、もっとおいしくなるようにと配慮。サンドイッチをテイクアウトする場合には「水分で蒸れてしまう」のでパンは焼かずに用いている。

お店の横の植え込みにローズマリー、ルッコラ、タイム、イタリアンパセリなどハーブを栽培し、料理の引き立て役として活用している。

いまの物件にしたのは？

第一条件として考えたのは、店舗に自宅がついていること。パン生地の成形は早朝からはじめるので、店舗と自宅が離れていると負担になるからだ。いまの物件に決めたのは同じマンションの2階に住むことができるため。ところが、「ここはどんなお店をやっても2カ月でつぶれてしまうことで有名」な物件だったとか。

当初はテイクアウトを中心に考えていたが、オープンしてみるとイートインのお客さまで大盛況だったという。周辺にデリカフェのようなお店がなく、「もの珍しさでは」というが……。

「あとで聞いたら、近所の人も『このお店は大丈夫かしら？』と見ていたらしく、それがかえって話題になったのかも」と笑う享世さん。

サンドイッチのほかに人気のパンは？

サンドイッチに使うフォカッチャ（1/6サイズ105円）、ライ麦パン（126円）、くるみパン（157円）、ベーグル（プレーン115円、黒ゴマ126円）のほか、「木の実のパン」（1/2本294円）、1日15本限定の山型食パン（1斤315円）、レーズンパン（1斤336円）など。

パンを贈答用に求めるお客さまも多く、竹カゴ（105円）に入れた詰め合わせも人気だ。

【開業資金の内訳】

店舗取得費	3,000,000円
内装工事費	6,000,000円
予備費	1,000,000円
合計	10,000,000円

左は「秋刀魚のハーブ焼き」。お店の外の植え込みにハーブを栽培し、いつでも料理に使うことができる。06年はバジルがたくさんでき、ジェノベーゼソースのパスタにして好評だった。

HISTORY オープンまでの歩み

1990年ごろ
弘幸さん、イタリア料理店で修業をはじめる。

2000年6月
お店開業を決意。

2001年6月
イタリア料理店を辞め、物件探しをはじめる。

2001年12月
オープン。

2002年
お客さまが想像以上に多く、パン生地をこねるミキサーを大型のものに買い換える。

2006年3月
学生アルバイトを早朝の時間帯のみ雇うことに。

illustrated

【図解でわかる人気のヒミツ】

ベーグル
もちもちした食感が楽しめる2種類を用意。サンドイッチにも使用。
マフィン
パンに負けない人気。卵、バター、牛乳を使用するが、プライスカードに明示。
天然酵母パン③
客層
小さな子どもを連れた母親、中高年、高齢者など幅広い。遠方からの来店客も。
ソファ
小さな子どもを連れた母親の利便性を考えて、ベビーカーの高さにセット。
オーブン
看板
メニューのほかに、テイクアウト、天然酵母パンのお店であることをアピール。
POINT
水周りの設備はあったため、オーブンなどを購入し、設計はデザイン会社に依頼。窓の多い、明るく清潔なお店に。
イートイン・スペース
広い出窓があり、気持ちよく過ごすことのできる空間。1人客も落ち着ける。
接客①
ショーケース②
ランチ
週代わりのシェフ自慢のパスタ「スペシャルランチセット」(892円)は数量限定。

ベビーカーの高さに合わせたソファ席と、明るくウッディなテーブル席

事なのだ。たとえば固めの天然酵母パンは苦手という人にも食べやすいよう、やわらかく酸味の少ない味わいに。夕方4時には生地を練りはじめ、その後生地を12時間寝かせ、早朝3時には成形にとりかかるというハードスケジュールの毎日だ。

その一方で、翌日出すデリの仕込みも。どんなものを出すかは「冷蔵庫の中身と相談」し、すぐに必要なものは駅前のスーパーで、調理して冷凍保存する魚介類などは週に1回、卸売市場で仕入れている。

また毎週水・木曜は定休日にしているが、インターネット通販用のパンを焼くために休日返上になることが多い。注文数は好調だが、1日に焼けるのは25件分が限界だとか。

普通はテイクアウト不可のパスタではあるが、容器持参で訪れる近所の人には快く応じることも。ここでしか食べることのできない料理だからこそ、遠く離れた人にまでお店の名前が広まっているに違いない。

owner's choice

２種類の天然酵母を使い、手間をかけるパンづくり

天然酵母とは穀物や野菜についている酵母菌を培養させたもの。その発酵作用により発生する炭酸ガスがパン生地を膨らませ、小麦の味を引き出したり、栄養分をつくる。「Open Oven」では市販のホシノ酵母と、自家培養したレーズン酵母を使用。食パンやベーグルには、膨らませる力が強いホシノ天然酵母。くるみパンや木の実パンなど具との相性が大事なものにはレーズン酵母を使用。すっきりしたパンの香りがフィリングの甘さを引き締めるという。

おいしく、安心して食べられる天然酵母パンだが、酵母が発酵しやすい環境をつねに整えたり、発酵液から毎日使うぶんだけの元種をつくり使い切るなど、数多くの手間ひまが必要。本当のパン好きだからこそできる仕事だろう。

レーズン酵母と国産小麦を使った「ライ麦のパン」「レーズンパン」。チョコチップ、バナナなど４種類ある「マフィン」も人気。

the shop

❶接客は手の空いたどちらかが行っている。メニューの詳しい説明だけでなく、何げない会話などでもコミュニケーションを図っている。お客さまのほうから声をかけてくれることも多い。

❷常時6～7種類の日替わりデリは、いずれも100グラム250～280円と手ごろ。手づくりの「濃厚マンゴープリン」(315円)、「カスピ海ヨーグルトムース」(294円) などのデザートもある。

❸竹カゴを使ったギフト用セットのラッピングもＯＫ。左は、ベーグル２種類、マフィン３種類、くるみのパンなどのセット(1,050円)。右のシンプルな無料ラッピングもおしゃれ。

shop data

Open Oven
住所／千葉県市川市市川2-30-25
TEL／047-324-8067
営業時間／8:00～19:00
定休日／水・木曜
URL／http://openoven.com/

Open Ovenオーナーからのメッセージ

今後はラムチョップなどメインになる料理にも挑戦していきたい。テイクアウトできて、低価格で安心、しかも毎日提供できることが条件ですね。

「自分が本当においしいと思ったものがお客さまに理解されれば、お店の評判はどんどん広がっていくものです」

八百屋さんに「デリ＆お弁当」をプラス。野菜の魅力、毎日発見！

つやつやと色鮮やかな野菜がひしめく店内。
ショーケースに並ぶデリやお弁当には、
その新鮮野菜がたっぷり。
「野菜の食べ方」を提案することで、
人々にもっと野菜の魅力に踏み込んでもらいたい！
そんなオーナーの気持ちが、このお店を誕生させた。

808＋《ヤオヤプラス》
東京都目黒区

東急東横線自由が丘駅から徒歩3分という好立地ながら、どこか落ち着いた雰囲気が漂う商店街の一角。2階の厨房で調理したものを、1階の店舗で販売。客層の9割が女性だ。野菜と総菜を一度に購入できることもあり、健康や美容に関心のある人や忙しい主婦に人気。

オーナーのこだわり

- …スタッフはつねに野菜について学び、お客さまにいろいろな情報を提供できるようにしている。
- …新鮮野菜と、それを使った総菜や弁当を提供する。素材にこだわった調味料なども販売。
- …野菜を販売するだけでなく、おいしい食べ方も伝える提案型のお店。

❶❷入り口近くは総菜とお弁当のコーナー、奥は青果販売のスペースになっている。❸整理整頓された機能的な厨房で、料理長の小林さんは、何種類ものメニューを同時進行でつくっていく。❹❺旬の野菜を中心とした品ぞろえ。POPに産地や簡単なレシピを紹介するなど、総菜とリンクさせて利益アップを図っている。❻日替わり弁当のほか、2週間ごとにテーマを決めてメニューを提案している。

総菜や弁当の販売で 野菜の本当の魅力を伝えたい

おしゃれなファッションや雑貨をはじめ、日用品や食料品の買い物客もたくさん集まる自由が丘。駅から数分の便利な立地ながら、どこか昔懐かしい風情を残す商店街の一角に「808＋」（ヤオヤプラス）はある。所狭しと新鮮な野菜が並ぶ店内、買い物客に気さくに声をかけるスタッフ。お店には、いかにも「町の八百屋さん」らしい活気と人の温もりがあふれている。ただ、普通の青果店と違うのは、総菜やお弁当をその一角で販売しているところだ。

調理は、料理長の小林正和さんと2名のスタッフが担当。日替わりで提供される総菜は、たとえば「有機つるむらさきと豚しゃぶの胡麻あえ」（300円／100グラム）や「野菜たっぷりラタトゥイユ」（同）など、栄養バランスがよく一般家庭でも馴染みやすいメニューで構成されている。

大手スーパーマーケットをおもな顧客として、青果仲卸業を営むオーナーの本多さんは、10年以上前から「青果販売と総菜を連携させたお店をつくりたい」との思いを抱いていたという。スーパーには青果部や総菜部など、さまざまな部署があるが、一般に部門の協働作業はほとんど見られない。そのビジネスモデル自体は魅力的ではあっても、それぞれの部署に売り上げ責任があるため、実際に連携させるとなると難しい。「それならば自分が！」と、本多さんはお店づくりを決意したのである。

現在、店長として野菜の仕入れや配達をおもに担当する古沢能明さんも、10年以上青果販売の仕事に携わってきた。スーパーで働いていたとき、取引先だった本多さんに声をかけられて同店へ。「オーナーのやりたいことと、自分のそれが一緒だった」ことが、入店する決め手に。「野菜の市場価格は、見た目に大きく左右されます。たとえば曲がった

❶取材当日の「日替わり弁当」（630円ご飯大盛りは＋50円）の総菜は、「蒸し鶏の九条ネギソース」「牛肉と青パパイヤの炒め物」「有機野菜の夏サラダ」。現在お米は栃木産アキニシキを使用。❷「夏ゴーヤのカレーマヨソース」「ヘルシーおからこんにゃくのチンジャオロース」など、9種類のデリを詰めた「ミックスプレート」（850円）。❸2階の厨房は広く、たくさんのメニューをつくるのに便利。❹旬のフルーツを使ったデザートも用意。夏季はアイスクリームを展開。ほうれん草、わさび、ジンジャーなど、同店らしいラインナップが10種類。❺有機醤油やミネラルウォーターなど、野菜のおいしさを引き立たせるこだわり素材も販売。

本当においしい野菜と、その食べ方を知ってほしいから！

キュウリや定形外のものは、どんなに味がよくても価値が下がってしまう。そんな野菜をムダにせず、何かできたらと思ったんです」

異業態との組み合わせで新たな可能性を探る！

2005年6月のオープン当初は、1階に青果店と厨房を併設。総菜をショーケースに並べて対面販売し、2階はイートイン・スペースだった。それを06年3月に大幅にリニューアル。

「野菜を好んで食べる人が多くなっていますが、そのつくり方となるとよく知らない消費者も多い。だから、うちがもっと積極的に提案していこうと考えました」と、古沢さん。

まず2階のイートイン・スペースを厨房にした。そして、1階の青果販売スペースを広げ、総菜をお客さまが直接手に取れるスタイルに変えた。さらに10種類ほどだった総菜メニューを数種類増やし、日替わり弁

お店づくりのワザを学べ！

豊富な商品の陳列法は？

「オープンしてから1日として同じ陳列だったことはありません」と、店長の古沢さん。旬のものなど「いま食べるのが一番おいしい」という野菜だけを仕入れているので、その日その日で自然とレイアウトは変化する。

また、総菜に使った野菜はデリコーナーの近くに配置し、お客さまの興味をデリと野菜の両方に誘導している。入り口付近は総菜、その次に野菜、一番奥にレジを配置しているのは、総菜に目を留めたお客さまが自然に野菜を見て回れるように動線を考えた結果。レジの位置も現在までに3回変えているという。

このように、お客さまが店内でどう商品を見て歩くかは、売り上げを左右する重要なポイント。開店後もお客さまの流れをよく見て、目立たない商品ができていないかをチェックすることが大事だ。

仕入れの方法は？

野菜は、おもに日本最大の規模を誇る大田市場で仕入れている。全国の実力のある農家が軒を連ねているため、質のいい野菜が手に入りやすい。

料理長の小林さんは、「市場の人と直接話すことで、旬の野菜の情報がいち早く手に入るのが市場のいいところ」だという。また、有機野菜など、契約農家から直接仕入れているものも多い。
「市場のラインに出回っている野菜に比べ、圧倒的に鮮度がいいものが手に入るのが、契約農家から仕入れる最大のメリット。少量でほしいときなど、わがままを聞いてもらえるのも魅力です」という古沢さん。

また、鮮魚は築地市場で、精肉は小林さんが契約している業者から。業者の多くは、小林さんがレストランで働いていたころからの取引相手。
「料理人の横のつながりは半端じゃないですよ。仕入れに情報収集は欠かせないから、貴重です」

【開業資金の内訳】

店舗取得費	1,300,000円
店舗工事費	1,000,000円
内装工事費	3,000,000円
備品、什器費	4,500,000円
運転資金	10,000,000円
合計	19,800,000円

お弁当、水、お米、野菜はお店の周辺エリアのみ配達。ホームページで野菜の特徴や食べ方を詳しく紹介しているのは、楽天市場での通信販売の売り上げとの相乗効果を上げる狙いも。

HISTORY オープンまでの歩み

2004年末
長年温めていた「青果店と総菜をコラボレートさせたお店」をかたちにしようと決意。

2005年
店舗物件を取得。駅前という立地のため競争率が高かったが、本多さんと前オーナーが親しかったことから契約に成功。

2005年5月
店舗工事開始。6月、オープン。開店時は1階が青果店とデリ、2階がイートイン・スペースだった。

2006年3月
店舗改装。デリは対面式の販売から、直接手に取るスタイルに変更。2階は厨房に改装した。

i l l u s t r a t e d

【図解でわかる人気のヒミツ】

2階厨房③
接客
お客さまに気さくに声を掛ける活気のある店内。
フルーツ
ドラゴンフルーツなど、沖縄の果物も置いている。
物販コーナー
有機にこだわった純米酢、ソース、古式製法の醤油なども販売。
お弁当コーナー
日替わり弁当の内容は、POPに総菜名を明示することで興味を引いている。
レジ
野菜
有機野菜、京野菜、加賀野菜など、さまざまな種類の野菜が手に入る。
1階①
レシピ②
デリコーナー
簡単なレシピをPOPで紹介し、家庭でもつくれるよう提案している。
テーマ販売
「真夏の有機野菜フェア」など、野菜とデリの販売を連動。目立つ位置に掲示。

POINT
入り口を入って左右がデリとお弁当コーナー、奥に野菜と果物を陳列。自然とお客さまの興味を引くような動線を配慮。

つくり手の顔がわかる、瑞々しい新鮮野菜に囲まれてお買い物

当の製造販売も開始。総菜にもお弁当にも、新鮮な野菜がふんだんに使われることはいうまでもない。

その時々で一番味のいいものをお勧めできるのは、青果店を母体とするお店ならではの強みだ。総菜やお弁当を食べるお客さまが「次は自分でつくってみよう」と野菜を買ってくれれば、お店全体の売り上げアップが期待できる。

店名の「808十」は、青果店としての経営に留まらず、新たな可能性を見出していこうという意欲を表現するものだ。野菜のもつ魅力を伝えられれば、何と組み合わせてもいいと古沢さんは語る。

「たとえば、雑貨とか、レストランでもいい。今後も青果販売を中心に、さまざまなスタイルのお店を提案する予定です」

その熱いメッセージが壁のポスターにも表現されている。常識にとらわれない展開が期待できそうなお店である。

owner's choice

「顔の見える野菜」を提供できるお店に

「808＋」では日替わり弁当や定番の総菜のほか、2週間おきにテーマを決め、それに即した総菜を中心に提供している。販売スタッフと厨房スタッフで話し合い、「沖縄野菜フェア」「有機野菜フェア」など、旬の野菜をピックアップしてメニューに盛り込む。

野菜に旬があるのは多くの人の知るところだが、同時に「いまは食べどきではないという野菜もあります」と古沢さん。できるだけそういう野菜よりも、その時々で一番おいしいものを提案している。

「オーナーは“顔の見える”野菜が大事だといいます。つまり本当においしい野菜には、生産者の思いが込められています。そして接客や総菜の味で、それをお客さまに伝えられるお店になることが、私たちの理想です」

野菜には生産者の顔写真入りのラベルを添付し、お客さまに安心して手に取ってもらえるよう配慮。本当においしい時期に野菜を食べてほしい、という思いが随所に反映されている。

the shop

❶入り口より奥が若干狭いつくりになっているため、奥行きが出て陳列が映える。開店当初、レジは手前にあったが、お客さまがくまなく店内を見られるよう、奥側に移動した。

❷お勧めのデリは、大型のPOPでレシピを詳しく紹介。ほかにもスタッフのメッセージ入りのポスターを貼るなど、お店の野菜販売に込める熱い思いを感じることができる。

❸料理長の小林さんの意見を参考につくられた厨房。3カ所に設置した作業台や広めにとった通路など、3人で作業しても邪魔にならない工夫がしてある。

shop data

808＋
住所／東京都目黒区自由が丘2-14-2
TEL／03-3718-5084
営業時間／11:00～21:00
定休日／年中無休
URL／http://www.808plus.com/

808＋オーナーからのメッセージ

総菜屋は生き物相手の商売。だから、素材の仕入れや調理など、日々の仕事はすべてスピード勝負。市場や店頭で、素早く的確な判断ができることが成功する条件の1つです。

「仕入れにも調理にも、ごまかしをしてはダメ。嘘をつくと、どこかでツケが回ってきます」（料理長の小林さん）

水曜日はロコモコのお店が来る日。ビルの谷間の「屋台村」へ行こう！

小麦色の肌に明るい笑顔が印象的——
平野悦子さんはハワイとサーフィンが大好き。
火曜から金曜まで、手づくりの移動屋台車で
都内４カ所のネオ屋台村を巡り、
ボリューム満点のロコモコを売る。
そのうえ夜はレストランバーもオープン！
思い立ったらやってみないと
気がすまないチャレンジャーなのだ。

Yummy-E《ヤミー イー》

東京都内各所

世界各国の料理を味わえるネオ屋台村のランチタイムは、あちこちの屋台に行列ができ、テーブル席もベンチも食いしん坊たちでいっぱいになる。「Yummy-E」の定番メニュー、ロコモコ（600円）はクリーミートマトソースとデミグラスソースの2種類。麦飯にジューシーなハンバーグ、温泉卵のトッピングとボリューム満点だ。

オーナーのこだわり

- 車の改造も仕入れも、自分で手がけ、自分で動くことでローコスト化を実現している。
- 日本のロコモコになかったオリジナルレシピを創作。とくに女性にはクリーミートマトソースのロコモコが人気。
- たとえ数が売れるような場所に出店できたとしても、加工材料は使わず、すべて手づくりにこだわる。

❶天気がいいときには平均80食のロコモコを売り上げる。この日も1時前には完売し、何人ものお客さまに売り切れをおわびすることに。❷広場のあちこちに置かれるテーブルや、ケヤキの下のベンチはどこも屋台ランチに舌鼓を打つ人々でいっぱい。❸❹東京国際フォーラムの地上広場では、平日の11時30分から14時まで、世界の味を積み込んだ移動屋台がお店を開く。ランチタイムはちょっとしたお祭り状態。❺保温ジャー・鍋・コンロ・パックまでを詰め込んだ、狭い車内が平野さんの仕事場だ。

自慢のオリジナルロコモコは屋台村の定番人気メニュー

東京国際フォーラムの地上広場は、昼時ともなれば多くの人々でごった返す。お目当ては世界各地の味を売り物にする移動屋台が集まる「ネオ屋台村」のランチだ。

毎日日替わりで7〜8台、アジアンフードやパエリア、スブラキなどの屋台が並ぶ。平野悦子さんが運営する「Ｙｕｍｍｙ-Ｅ」の出番は水曜日だ。派手なデザインの屋台も多いなか、紺色の中古ワゴン車を麻布《あさぬの》とレイで飾って小さな黄色いカウンターを付けただけ。ボリュームたっぷりながらもメニューはロコモコ2種類というシンプルさ。

朝11時、平野さんは厨房で仕込んだ2種類のソースやハンバーグ、野菜、パッケージなどすべての材料を車に積んで屋台村に乗りつける。車の装飾をし、車内のコンロにソース鍋をかけて開店準備。やがて注文が入ればご飯をよそい、トッピングに熱いソースをかけて手渡す。しばらくすると長蛇の列ができ、飛ぶように売れていくさまは壮観だ。

応対も手際よくスピーディ。その明るい笑顔はハワイの空気のように爽やかで、お客さまの心を和ませる。

食べて喜んでもらう——それが移動屋台へと走らせた

平野さんは高校卒業後、アパレル会社に就職。その後、ふと好きな料理を学ぼうと調理学校に入学、やがて会社を退職した。卒業後はレストランや消防学校の給食係として働いた。消防学校のカフェテリアで、自分の料理を直接学生に手渡すことで「相手の反応が直接わかる面白さ」を知ったという。

そして、バイクでカレーを売る路上販売を思いつく。リアシートに積んだ衣装箱にカレー鍋と卓上コンロを入れて路上に出たところ、固定客がつくほどの人気に。もっと本格的な移動屋台への気持ちに火がついた。

❶女性に人気のクリーミートマトソースのロコモコ。濃厚なクリームとトマトの酸味が絶妙な味わい。❷デミグラスソースは、ジューシーな手づくりハンバーグと温泉卵にマッチするボリュームある一品。❸爽やかに応対しながらスピーディにロコモコをつくる。❹ハンバーグは炊飯ジャーに入れて保温。❺2種類のソースは屋台のコンロで温め、アツアツをご飯にかける。❻食べる前に、全体をしっかりと混ぜ合わせて。

手製ハンバーグ、プルプル温泉卵に 2種類のソースで仕上げたロコモコ

資金ゼロからの出発ながら翌年にはバイクから中古の車に「昇格」。コンロやシンクなどの車内装備もすべてDIYでこなし、保健所のチェックを見事にパスする。メニューも競合店の多いカレーから、大好きなハワイのロコモコに変更した。

定番のデミグラスソースのロコモコに加え、クリーミーなトマトソースを使ったオリジナルレシピを開発。ハンバーグも温泉卵も手づくり、独自の味がついに完成した。

自慢のロコモコをひっさげ、移動屋台につきものの出店場所探しやトラブルに苦労しつつも、持ち前の明るさと前向きな姿勢で路上やイベントで出店を続け、安い仕入れ先からよく売れる場所まで、頼りになる仲間たちから多くを学んでいく。そんなとき、走りはじめたばかりのネオ屋台村と出会ったのだ。

お店づくりのワザを学べ！

あくまで手づくりにこだわるのは？

一般に移動屋台は、出店場所で売り上げに差がでて、しかも短時間にどれだけ販売できるかが勝負の分かれ目。平野さんによると、とくにスポーツイベントなどでは、その気になれば通常の営業とは比較にならない数を売り上げることも可能。そのため、出来合いのものを増やし、数を売るお店もあるのが実情という。

「Yummy-E」のメニューはソースを変えたロコモコ2種類のみではあるが、ソースはもちろんハンバーグ、温泉卵とすべてが手づくりのため、予想以上に手間がかかるのだが……。

「でも、イベントのときだけ味が変わっちゃうようなことはやりたくないですから」

移動屋台は、車の移動や出店場所での準備・撤収作業がともない、とくに1人で何もかもやるのは負担が大きい。

だが、「つくるだけでなく、直接自分の手でお客さまに出すことが楽しいから」という平野さんは、料理への愛情とお客さまへの誠意で、あくまで手づくりにこだわる。この姿勢が「よそのロコモコよりここのが好き」と、多くの常連さんを呼ぶ理由になっているようだ。

ローコスト経営のコツは？

「元手なしで気軽にお店がもてる」と爆発的に増えている移動屋台だが、実際は車の改造を依頼するだけで200万円程度はかかる。

平野さんの場合、安い中古車を買い、シンクやコンロ設置などの改造からテーブルや棚などの什器まで、すべてを家族の手を借りながらＤＩＹで行い、驚くべきローコストを実現。営業時の店舗装飾も、なるべくお金をかけずに手づくりテイストでうまくアピールしている。

食材は移動屋台仲間から教えてもらった安いスーパーを回って仕入れている。肉など生ものが多いため毎日の仕入れは欠かせないが、必ず自ら車を駆って出向き、配達サービスなどは使わない。

すべて自分で考え、身体と時間を使って動くのが平野さん流ローコストの極意だ。こんな努力が、移動屋台出身者にとって目標である「実店舗獲得」にもつながったのだろう。

【開業資金の内訳】

中古車取得費	500,000円
店舗用車内改造費	10,000円
調理器具（中古）購入費	40,000円
オープン時包材など	約30,000円
合計	580,000円（すべて自己資金）

05年にオープンしたレストランバー「海波海波（ウハウハ）」はもともと平野さんの住居で、ロコモコの仕込みもここで行っている。シェアしていた友人の退去を機に店舗にした。

HISTORY オープンまでの歩み

2000年9月
中古バイクに衣装ケースを積み、カレーの路上販売をはじめる。

2001年9月
車での販売に変更。ほぼ同じころメニューもカレーからロコモコに。

2002年秋
ネオ屋台村を主催する会社の担当者と出会う。その後、路上販売とイベント、ネオ屋台村への出店を併行する営業形態に。

2005年
車での移動屋台を続けつつ、レストランバー「海波海波」オープン。

2006年
移動屋台での出店をネオ屋台村とイベントのみに。「海波海波」でウクレレ教室や雑貨販売も開始。

i l l u s t r a t e d

【図解でわかる人気のヒミツ】

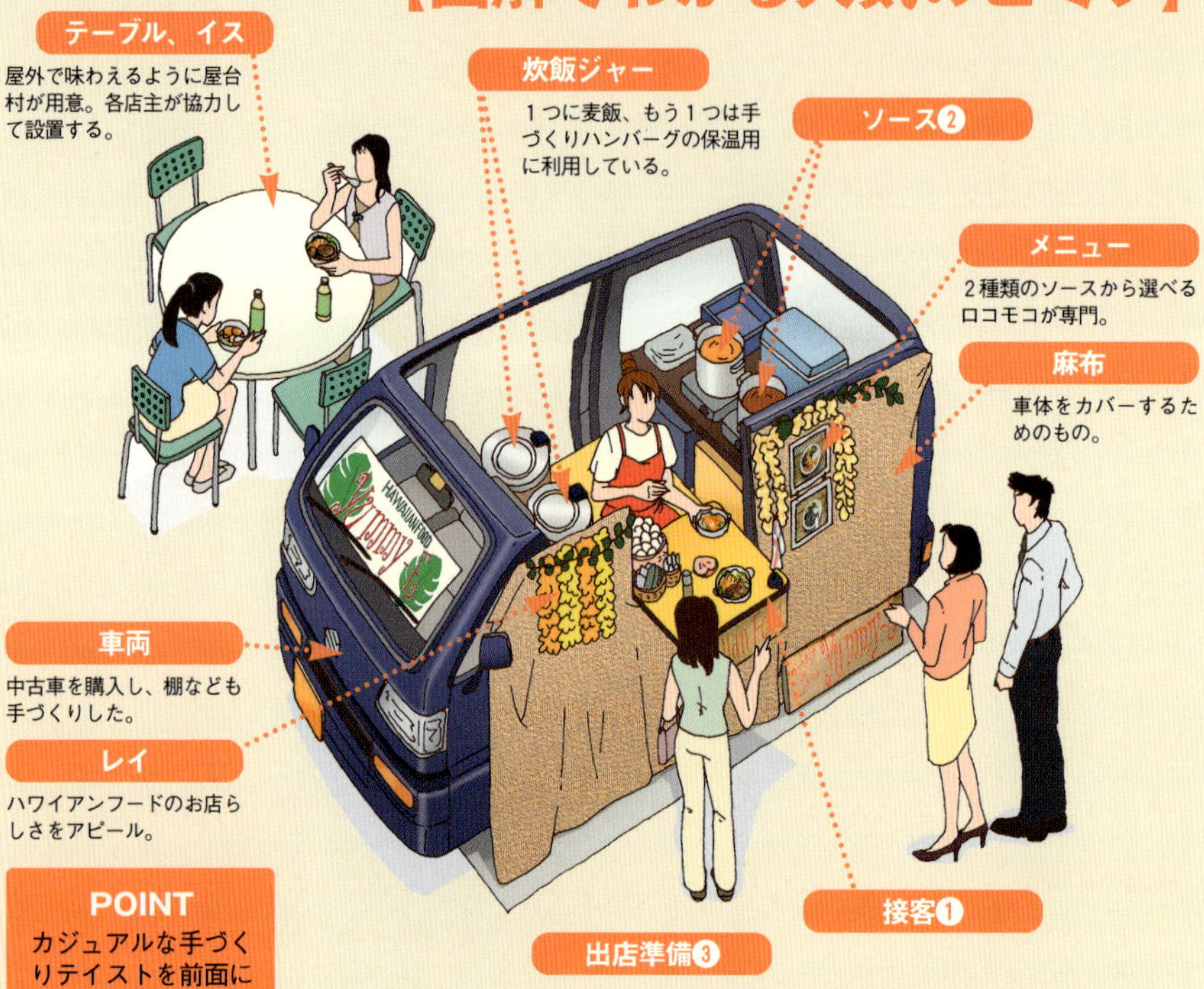
テーブル、イス
屋外で味わえるように屋台村が用意。各店主が協力して設置する。
炊飯ジャー
1つに麦飯、もう1つは手づくりハンバーグの保温用に利用している。
ソース❷
メニュー
2種類のソースから選べるロコモコが専門。
麻布
車体をカバーするためのもの。
車両
中古車を購入し、棚なども手づくりした。
レイ
ハワイアンフードのお店らしさをアピール。
接客❶
出店準備❸

POINT
カジュアルな手づくりテイストを前面に出すことでローコストを実現。内部もすべてDIYで使いやすくしている。

タンクやシンクの設置、カウンターまで手づくりした移動屋台で審査をクリア

自由な時間も大事にしたいと新たな仕事の展開を考えて

現在はネオ屋台村とイベント出店が中心。屋台には若い女性からサラリーマン、イベント帰りの人まであらゆる客層が集まる。ハワイ好きなお客さまが来店し、思わず会話がはずむことも。「おいしいといわれる快感」を味わいつつも、今後はもっと自由な時間とお金がほしい、そのために仕事を発展させるつもりだ。

昨年オープンしたレストランバー「海波海波」では、経営面はまだまだながら、ウクレレ教室やハワイアン雑貨の販売など飲食以外の分野にも積極的に乗り出している。自分のからだと時間をフル稼働せずに仕事ができるように、との思いからだ。

「あきらめずに続けることが大事」といいつつ、仕事だけが人生ではないことも知っている。楽ではないが自分らしい仕事ができる、そしていつでも初心に戻れる場――それが移動屋台なのかもしれない。

owner's choice

新しい移動屋台の世界をめざす いま注目の「ネオ屋台村」

東京国際フォーラムをはじめ都内9カ所で「ネオ屋台村」を展開するのは、株式会社ワークストア・トウキョウドゥ。屋台村によるスペース活性化を地主に提案して出店を交渉し、移動屋台車の登録・出店調整・賃料業務までを一手に行っている。

移動屋台のオーナーにとって、安心して営業できる場の確保は最大の課題。公道での販売は違法で、駐車場などを借りるにはそのつど地主への難しい交渉が必要。なおかつ、ほかのお店とのいざこざも起きやすい。人気上昇とは裏腹に新規参入は難しくなる一方だ。

ネオ屋台村はスペース確保から安全まで多くの問題をクリアした「安心して出店できるいいシステム」と平野さんも太鼓判を押す。しかし現在は登録者数が増え、平野さんのように定期的に出店できる屋台はごく一部というほど競争率は激しさを増している。

都心のランチタイムに活気と楽しさを提供する「ネオ屋台村」。日本の新しい食文化として根付きつつあるようだ。

the shop

❶シンプルな麻布を車体カバーに。鮮やかなレイとハワイの旗をあしらった屋台ファサード。ロコモコをサーブするテーブルは折りたたみ式で、これも手づくり。

❷2種類のソースは屋台のコンロで温め、アツアツをご飯にかける。お弁当のように完成品ではなく、調理の最終工程は必ずその場で行って提供するのがネオ屋台村のルール。

❸出店地に到着したら、汚れ防止のシートを車の下に敷き、麻布やレイで屋台を飾る。30分ほどで準備は終わり、あとはソースに火を入れてお客さまを待つ。

shop data

Yummy-E

出店場所／東京国際フォーラム村（水曜のみ）
東京都千代田区丸の内3-5-1 国際フォーラム地上広場（「ハワイアンレストランバー海波海波」品川区荏原4-5-17-2A）
TEL／03-3783-8414
営業時間／11:00～14:00ごろ　定休日／月・土・日曜
URL／http://mami-mumemo.jp/yummy-E/

Yummy-Eオーナーからのメッセージ

ネバーギブアップ！ ダメなときにやめたら、それだけで終わりです。いいかげんはダメだけど、「真面目にラフ」な感じで成功するまでニコニコと頑張ればいいんです（笑）。

「安全に売れる場所の確保が重要ですが、いまはとても難しくなっています。外からだけ見て判断しないこと」

3つの「顔」をもつ女性オーナーはオリジナルヘルシー料理で勝負!

駅前の商店街から路地に入ると
1軒の小ぶりなエスニックのお店が。
野菜をメインに構成された
からだにやさしい料理は地元女性に人気。
そのほかにも移動屋台や、
丼専門店をはじめるなど、
地元だけでなく、幅広いファンを獲得する
女性オーナーの活躍ぶりを追った。

アジアンベジタブルズディッシュビジ
asian vegetables dish biji
東京都目黒区

オーナーのこだわり

- …オープンキッチンや1～2人用の座席を多めに設置し、女性1人でも気軽に入りやすい店内に。
- …野菜をたっぷり使ったデリを中心にしたエスニック料理を提供。
- …デリ、丼専門店、屋台の3つを使い分けて営業。

デリ＆お弁当屋さんなど、飲食店の競争の激しい東急東横線学芸大学にある女性2人のお店。タイ、ベトナム、インドネシアなどアジア各国の料理が中心で、野菜を使った料理のほか鶏肉や豚肉を使ったメニューも。オープン後にはじめた、移動屋台と丼専門店にも人気がある。

❶テーブルとイスは店内のイメージと合っていることから、以前のお店のものを使用。1人客でも入りやすいように、1〜2人掛けのテーブルを多めに。❷木陰のベンチでひと休みしているような感覚に浸れるテラス席。テーブルとイスは手づくり。❸メニューに使っているタイやベトナムなどの調味料を販売。本場の味により近づけるために輸入品を使用。❹❺丼専門店は仕込み場として借りた物件なので、キッチンは広々して使いやすい。開店前にほとんど仕込みをすませ、お客さまに出すときは軽く盛りつけする程度。

野菜をふんだんに使った女性に人気のエスニック料理

駅前から伸びる商店街から一歩入ると、アジアの街角にある飾り気のない食堂のようなカフェレストランが目に止まる。ここは、からだにやさしいエスニック料理を出すお店「asian vegetables dish biji」だ。

「女性が1人でも来店しやすいお店にしたかった」というのはオーナーの東美貴さん。以前、エスニック料理店に勤務していたころ意気投合した近松亜希子さんと、2002年に開業した。以前、この場所でデリカフェを経営していた知人が店閉まいすることになり、代わりにお店を開かないかともちかけられたことがきっかけ。お店は居抜きで譲り受け、東さん自身が気に入ったテーブルやイス、什器などはそのまま使用している。

「白をベースにした内装に、シンプルな家具を置いただけの無造作な空間が気に入ってました。オープンキッチンがあるため、1人客でもスタッフに話しかけやすい点や、若い女性の住民が多い立地もコンセプトに合っていました」と東さん。

壁のタイル張り、ペンキ塗りは自分たちで行い、オープンキッチンのカウンターや看板、ウッドテラスなどはデザイン関係の仕事をする友人に手伝ってもらい、すべて手づくり。予算を大幅に抑えている。

健康的な料理を提供したかったというように、メニューは野菜をたっぷり使い、ご飯ものから炒めもの、デザートまで幅広い料理をそろえるが、メニューの要となるのは常時約10〜20種類そろったデリ。通行人にも目につく店頭のショーケースには、旬の野菜を彩り豊かに盛ったサラダや、レッドカレーで煮たカボチャなどヘルシーなメニューを並べている。

さらに、サラダ油の代わりに、クセがなくあっさりとした菜種油の一

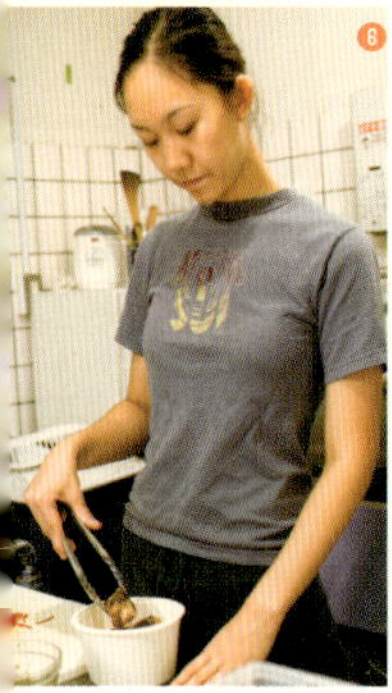

❶デリは1種類500円〜だが、3種類注文すると1,160円とお得。写真は、「海老の生春巻」「温野菜のピーナッツソース」「青パパイヤと人参のソムタム」❷ご飯ものの料理も扱う。鶏挽肉のバジル炒めと目玉焼きをご飯の上にのせた「鶏挽肉のタイバジル」（950円）をはじめ、タイでポピュラーな料理を中心にそろえる。❸今川焼き器を使って円形に仕上げたユニークな卵焼き「米粉と卵の厚焼き」（580円）。底に敷かれた米粉のカリっとした食感が秀逸。エビや豚肉、もやし、万能ネギなど、小ぶりながら多彩な具が入る。❹スタッフはいつも笑顔をたやさずに明るく対応。❺丼専門店の「鯖の竜田揚げ丼」（650円）。❻丼は、仕込みずみの具材を丁寧に盛りつける。

色とりどりの野菜が目を引く常時10〜20種類そろったデリ

種、キャノーラ油を使用。ドレッシングには油を使わない。ご飯は栄養たっぷりの100％玄米、香りづけにハーブを多用するなど、おいしさと健康に気遣った素材や調理法を提案し、地元女性の人気を得ている。

ランチの売り上げアップを狙い、屋台で営業を開始

ところが1年半ほど前、利用者の多かった近隣の会社が移転したことにより、ランチの売り上げが大幅にダウン。何かいい解決策はないかと探していたところ、短時間で売り上げを伸ばすことができる屋台販売を思いついた。

ワンボックス・カーを購入し、移動販売をあっせんする会社「ネオ屋台村」（株式会社ワークストア・トウキョウドゥ）に登録。いまでこそ競争率は激しいが、当時は順番待ちもなく、比較的お店から近い中目黒、笹塚、表参道で週3日、11時30分〜14時まで出店している。新たに1日

お店づくりのワザを学べ！

移動屋台の車選びは？

移動屋台用の車を扱う会社をインターネットで探して購入。スタッフは女性ばかりなので、小回りが利き、運転しやすい軽自動車のワンボックス・カーを選んだ。
「車内で本格的に調理するわけではないので、シンクやカウンターの設置はお任せしました」と東さん。軽自動車は取得費のほか、自動車税も安く抑えることができるのがポイント。

屋台販売ならではの気遣いは？

屋台では、約10種類のデリのなかから、お客さまがセレクトした3種類とご飯を容器に詰めて650円で販売。とくに夏は火を十分に通したもののほうが販売しやすい。サラダやマリネよりも揚げ物や煮物を多めに用意するようにしている。

仕込みには、スパイスは30～40種類をすべて自分で調合したり、玉ねぎを2時間かけて炒めるなど、長い時間を要する。少しでも作業を軽減するために、揚げ物や煮物など、日持ちするものは大量につくり冷凍庫で保存するなど工夫も。

また、ふとした忘れ物が大きな打撃になるので注意が必要だ。以前しゃもじを忘れて困ったときはスプーンでよそい、何とかその場はしのいだが、お店で普段当たり前のように使っている器具ほど忘れやすいので、必要な持ち物はメモし、出発前に厳重にチェックするなど、自分なりの方法で気をつけている。

短期間で売り上げを伸ばすには？

移動屋台のほか、代々木公園や駒沢公園などで行われるイベントに年4～5回出店することも。屋台同様ワンボックス・カーで販売し、短時間で売り上げを伸ばす。

しかし、雨でイベント参加のお客さまが少ないときには、主催者に支払う参加費などで、元が取れないこともある。リスクを背負ってでも、営業したいという人には向いているだろう。

【開業資金の内訳】

店舗取得費	2,000,000円
内装改装費	500,000円
備品、什器費	500,000円
運転資金	1,000,000円
合計	4,000,000円

左は、お客さまからいただいたというユニークなひょうたん型スピーカー。ライトと一緒に天井から吊り下げ、インテリアの一部として馴染ませている。右は丼専門店で販売するピアス。

HISTORY オープンまでの歩み

1999年
同じエスニック料理店に勤務していた東さんと近松さんが意気投合。飲食店開業の夢を抱く。

2002年2月
カフェ経営をしていた友人がお店を閉めるため、代わりに開業しないかと勧められ、店舗決定。

2002年3月
オープン。

2005年7月
ランチの売り上げが下がったので、屋台を出すことを決意。徒歩約10分の場所に仕込み専用の物件を借りる。

2006年2月
仕込み専用として借りた物件を丼専門店としてオープン。

illustrated

【図解でわかる人気のヒミツ】

客層
夜12時までの営業で、会社帰りの夕飯に利用する女性客も多い。

トイレ

食器
ベトナム旅行の際にそろえた。色鮮やかな料理が映えるシンプルなデザイン。

オープンキッチン❶

ショーケース❸

テラス席
店頭にグリーンがあり、木陰で休んでいるような気分になる。

インテリア
テーブルやイスは以前のお店で使っていたものを、そのまま使用。

丼専門店
お店から徒歩10分くらいの、屋台料理の仕込みに使っていた物件を活用。

屋台風カウンター❷

物販コーナー
メニューに使用する現地の調味料などを販売。

入り口
なるべく開け放し、外を歩いている人にアピール。開放感も得られる。

看板
ユニークなデザインで、道行く人の目を引くオブジェのような看板。

POINT
白を基調にした飾り気のない空間に、タイル張りのカウンターや看板などは自作。女性客を意識し、入りやすく配慮。

夜遅くまで繁盛！ 1〜2人席を多く設け、女性の1人客も入りやすい空間に

平均50〜60食分の仕込みが必要になり、朝9時前から仕込みを開始。それでも足りず、出店前日の15時〜18時も仕込み時間に費やすようになった。

　また、屋台料理の仕込みのために借りていた物件に空きスペースがあり、丼物なら温めるだけで簡単に出すことができると、テイクアウトの丼専門店「biji good food caterers」をオープン。メニューは、梅、ポン酢、エシャロット油で香りづけた、さっぱりソースで食す「鯖の竜田揚げ丼」(650円)や、ハッシュドビーフにトマトを多めに加え、あっさりと仕上げた「トマト牛丼」(700円)など、ヘルシーなオリジナル丼ものを全9種類提供している。

　エスニック料理店、移動屋台、丼専門店と、3つの顔をもつbiji。営業枠を広げても妥協することなく、独自のこだわりを持ち続けるところに、このお店の魅力がある。

owner's choice

テイクアウトならではの こまやかな配慮

デリのテイクアウトは、イートインに対し安めの価格に設定。お店で食べると1品500円、3品で1,160円のデリを、1パック250～450円と格安で提供している。テイクアウトのお客さまにも家庭で気軽にデリを楽しんでほしいという思いからだ。

また、時間がたっても料理の風味が落ちない工夫も。たとえば温野菜を使った料理では、野菜の芯が少し残るくらいに茹で、ハリやツヤが失われないようにしたり、タイでポピュラーなサラダ「青パパイヤと人参のソムタム」では通常干しえびをたっぷり加えるが、時間がたつと生臭くなってしまうので、干しえびの量を極力少なめにするなど、テイクアウトに対応した配慮がされている。

テイクアウト用の容器に入れたデリ。イートインの価格より安めに設定。家庭に持ち帰っても味が変わらないよう調理の工夫が光る。

the shop

❶お客さまがスタッフに話しかけやすいようオープンキッチンに。カウンターは低めで圧迫感が少ない。カウンターとキッチンのタイル張りはスタッフが手がけた。

❷アジアの屋台をイメージしたカウンター。イベントに参加するときには、この荷台の上にホットケースを置いて料理を販売。ベトナムの屋台などでよく使われる食材、海老をモチーフにしたカラフルなイラストが目を引く。普段はこのカウンター上が鍋置き場になっている。

❸約10～20種類の色鮮やかなデリがズラリ。お店の前を歩いている人の目も引きつけるよう、外からも見える位置に配置している。

shop data

biji
住所／東京都目黒区鷹番2-5-17 コーポ丸基102
TEL／03-3794-6606
営業時間／12:00～24:00(23:30LO)
定休日／木曜
URL／なし

bijiオーナーからのメッセージ

飲食店での勤務経験はたしかに役立ちます。しかし、自分のやりたいことを実現するためには、オリジナリティや独創性を提案することが必要になってきます。

「天候などによって売り上げが左右されることもありますが、いつも明るくお客さまとのやり取りで乗り越えています」

日本に生まれてよかったと実感！ 代官山の人気おにぎり屋さん

炊き方にこだわったご飯の味、
素朴ながらオリジナリティのある具材は、
若い女性を中心に、男性やファミリー層まで
年齢を問わず、多くの人に支持される。
おにぎりをのんびりと食べられる店内では、
古木のテーブルやイス、和紙のディスプレイなど、
オーナー好みの空間で和みの時間も味わえる。

おにぎり田田《でんでん》

東京都渋谷区

オーナーのこだわり

…テーブルやカウンターに古木を用いて、温かみの感じられる店内に。

…約20種類そろったおにぎりは、シンプルながらも具材や味つけに独自のこだわりを表現。

…火加減を調節できる羽釜で炊いた、ふっくらご飯を提供。

代官山駅からすぐ近くの、手づくりおにぎりで有名なお店。定番おにぎり約20種類のほか、日替わりメニューも常時3〜4種類を用意。好みのおにぎりをチョイスし、プラス525円でお総菜小鉢2品とみそ汁、自家製糠漬け、日替わりの甘味がつくおトクな「田田セット」も人気。イートインでも、戸外のベンチで頬張っても、どちらでも楽しい。

❶おにぎりをつくる様子をお客さまが見られるようにとオープンキッチンのカウンターに。❷「田」の字を意識してつくられた棚。お店で使う塩やほうじ茶などを販売。❸お米にはふっくらと仕上げる竹炭、ぬか臭さを取る日本酒、旨味が出る昆布を加えて炊き上げる。❹オーダー制なので、つねに握りたてで提供。❺ヒノキ製の型にご飯を入れて具をのせ、スタッフが手で握りながら形を整える。❻海苔を巻いておにぎりの出来上がり。

おいしいご飯が炊けるまで 試行錯誤の日々

ファッションビルやヘアサロンが建ち並ぶ、東京・代官山。この街の小さなビルの2階に、平日は60～80人、休日は150～180人もの来店客を集めるお店がある。つくり置きをせず、注文を受けてから1つひとつ握る「おにぎり田田」だ。

「会社員時代に出会った老舗のおにぎり屋さんが、やはり注文を受けてからつくって握りたてを出していました。そのスタイルに感銘を受けて自分もお店を開こうと決意しました」と語る、オーナーの江倉隆之さん。お店で出すおにぎりは、口にするとホロっと崩れるような、やさしい握り加減。1粒1粒の食感がしっかりとしたお米はツヤがあり、ふっくら。最近は家庭でつくることも少なくなっているおにぎりが、目の前で次々と出来上がる。

このおいしいご飯の秘訣は、知る人ぞ知る長野県木島平村のコシヒカリの豊かな滋味もさることながら、鉄の羽釜を使うことにあるという。羽釜は、かまどでお米を炊くときに用いられる、底が厚く丸みを帯びた、ツバつきの釜。「昔ながらの方法で炊くのが一番」と考え、約5万円で特別につくってもらったものだ。しかし、当初は火加減をはじめ、お米や水の量などの調整が難しく、旨味にこだわるどころか、ご飯を炊き上げるのもやっとだったとか。

現在は、1度に6キロ炊けるところ、火加減を調整しながら1・5～2キロと、お米の量を少なめに設定している。「一度に炊く量が多すぎると、お米がつぶれたり、場所によってご飯の弾力にムラができるから」と江倉さん。この炊飯方法を確立するまでに、約4カ月かかったという。

「鉄釜はさびるし、重いし、不便。でも、うまく炊けたときは、電気炊飯ジャーのご飯と比べると風味が格段に違います」

❶親子の味が楽しめる「すじこと鮭」（231円）。❷1番人気の「田田にぎり」（168円）には、油揚げと鰹節を炊き込んだ具材が入る。❸代官山駅周辺には、地元の人しか知らない、「隠れお弁当スポット」が点在。おにぎりがよく似合うカップルも。❹テイクアウトは殺菌効果もある竹皮にくるんで。❺「だし巻き玉子」（368円）は8種類ある具材のなかから、毎日3～4種類チョイスして用意。クリームチーズ&たらこやトマトソースなどユニークな具材から、プレーンやじゃこ三つ葉など、スタンダードなものまで充実。

注文を受けてから握る20種類のおにぎりの具材は、定番からオリジナルまで人気

おにぎりは常時約20種類を用意するが、「まずお米を味わってもらいたい」と、具材は素朴で家庭的な味わいを大切にしている。

たとえば定番メニューには、北海道釧路沖で獲れた鮭を丸ごと1匹オーブンで焼き上げ、身をほぐして入れる「シャケ」（189円）や、手づくり豆腐店の油揚げと新鮮な鰹節を炊き合わせた「田田にぎり」（168円）、低塩で酸味のまろやかな紀州南高梅を使う「紀州五代梅おにぎり」（231円）など。日替わりのおにぎりも3～4種類用意するが、定番とは逆に「豚しょうが焼き」や「梅じそと枝豆」など、名前だけで食欲をそそるようなおにぎりも考案している。

なお、木島平産コシヒカリ、オリジナルの合わせみそ、無農薬のほうじ茶など、お店で使っているものはほとんどが購入可能。商品にはすべて、産地と生産者が明記され、お客さまに好評を得ている。

お店づくりのワザを学べ！

食材を仕入れるポイントは？

お米は米穀店、魚は鮮魚店、肉は精肉店など、産地直送ではなく、あえて専門店から仕入れている。

「産地直送というのは、いかにも新鮮でおいしそうな響きですが、たとえばお米の場合、精米の仕方から保存状態など、おいしく仕上げる方法を知っているのは生産者よりお米屋さん。現在使っているのは木島平産コシヒカリで、直送の話をもちかけられたこともありましたが、必ず米屋から仕入れることにしています。ほかの食材に関しても、その道のプロにお任せしています」

開業前は百貨店の食品売り場に勤務していた江倉さん。取引先との交渉や、多彩な食材の善し悪しを判断する能力を十分に生かしてのことだろう。

お店のPR方法は？

江倉さんは、髪を切りに行く際、必ず代官山の美容室を利用した。美容師には必ずといっていいほど「お仕事は何をされているんですか？」「お近くですか？」などと聞かれるので、そのときに自分のお店をアピール。毎回違う美容室を利用して、PRしたという。

「髪を切ってもらうときに話ができるので、こちらも自然にアピールできます。大がかりな営業活動ではありませんが、ある大型美容室では、多くのスタッフが田田のおにぎりを気に入ってくれて、1～2年間、毎日お店でまとめて注文してくれました。開業当初、その売り上げは大きかったです」

内装の工夫は？

最近はおにぎりをつくらない家庭も多いので、目の前でつくる様子を楽しんでもらおうと、オープンキッチンを設計。冷蔵庫の下は掃除をしたくてもなかなか奥のほうまで手が届かないため、冷蔵庫の足をできる限り高くし、奥まで腕が入るくらいのスペースを確保している。

また掃除用具やタオルなどを収容する倉庫をベランダに設置。収納スペースはあると重宝するので、店内が狭い場合は外につくるのもよい。

【開業資金の内訳】

店舗取得費	3,000,000円
内装改装費	7,000,000円
備品、什器費	2,000,000円
合計	12,000,000円

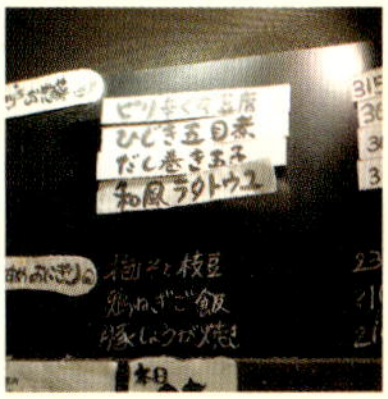

具材に限らず、塩やお茶にもこだわりをもっている。「田田の塩」（367円）、有機ほうじ茶（525円）、梅胡麻（630円）など、実際にお店で使用している調味料や素材を店内で販売。

HISTORY

オープンまでの歩み

1999年
百貨店の食料品売り場に勤務していた当時、老舗のおにぎり屋との出会いにより感銘を受け、開業を考える。8月、代官山のてぬぐい専門店「かまわぬ」の店主から、おにぎり店の開業について話をもちかけられる。11月、百貨店を退社。

1999年12月
「かまわぬ」の一角にてオープン。

2001年9月
現在の場所に移転。

2005年10月
東急百貨店渋谷駅・東横店に「だし巻き田田」をオープン。

illustrated

【図解でわかる人気のヒミツ】

カウンター③

窓
店名の「田」の字を意識したデザイン。

テーブル席
丈夫で長持ちするうえに、どこか温かみを感じさせる古木でつくった。

和紙のディスプレイ
夏は涼し気な青、春は桜にちなんでピンクなど、季節に合わせて張り換えている。

釜炊きご飯①

おにぎり②

ベランダの倉庫
客席の窓から見える位置にはオブジェをあしらい、奥に大型の倉庫を設けている。

物販コーナー
通称「田田棚」には、お店で使うお米、塩、お茶などを販売している。

入り口
店内が狭いため、入店の際に少し待つこともある。

POINT
窓や家具、照明など、ほぼ正方形で統一し、「田田」の店名を意識。古木を取り入れた空間は温もり感が漂う。

内装
正方形のモチーフで統一。シンプルな店内だが、オーナーの遊び心を感じさせる。

日替わりメニュー
その日のお勧めは黒板に記載、お客さまの目に入りやすいカウンター上に配置。

大型冷蔵庫
研いだお米の水は切って冷やす。1日に使うお米の量が多く、大型の冷蔵庫を使用。

釜炊きご飯や無添加の具材などへのこだわりを内装、インテリアにも表現

「だし巻き玉子」が好評で専門店をオープン！

カフェのような店内で、おにぎりを頬張れるのも魅力だ。輸入古木を使ったテーブルやカウンターが備えられ、「新しい木材より温かみがありますし、何よりも丈夫で、使うほどに味わいが増していきます」という。また天気のいい日には、テイクアウト用の竹皮にくるまれたおにぎりを手に、緑のある公園や周辺のベンチでお昼を過ごす人も多い。

おにぎりだけでなく総菜の「だし巻き玉子」（368円）の人気が沸騰、05年10月には有名百貨店に「だし巻き田田」をオープン。奥久慈産の鶏卵に、日高産昆布と千葉産煮干、枕崎産鰹節から取ったダシを加え、具材にはクリームチーズ&たらこ、じゃこと三つ葉、鶏そぼろなど、こちらもユニークなラインナップ。「田田」の名は、日本の昔ながらの食べ物に独創的なイメージを加えながら、着実に浸透しているようだ。

owner's choice

食材だけでなく、使う道具にもこだわりを

おにぎりを一時保管する「ばんじゅう（料理を運搬したり、お菓子を陳列するための収納箱）」をはじめ、炊きたてのご飯を保温するわっぱ、おにぎりの量をそろえるための木枠や盛りつけ台など、「おにぎり田田」で使う道具類はすべて天然ヒノキ製のもの。

「ヒノキ製品は高価ですが、長年使っても反りや亀裂が入ることが少なく、道具を頻繁に買い換える必要がありません。またほかの木材に比べ、カビの発生も抑えられ衛生面でも安心です」と江倉さん。

テイクアウト用のおにぎりを竹皮でくるむのは、昔ながらのスタイルというだけでなく、殺菌効果がありお持ち帰りに最適だから。食材だけでなく、調理から保存までの道具選びにも厳しい目をもつ姿勢は、食にこだわるお店では欠かせないポイントだ。

上の写真はおにぎりの分量を一定に保つための型枠と、イートインのお客さまに提供するときの盛りつけ台。すべての道具はヒノキ製のもので、使い込むほど味わいも出てくる。竹皮にくるまれたおにぎりは、いかにもおいしそうだ。

the shop

①オーダーした鉄の羽釜。ずっしりと重く、さびやすいため不便ではあるが、ジャーで炊いたものとは比較にならないほど、お米の旨味を引き出すことができる。

②強く握りすぎず、やさしく包み込むようにまとめ、ソフトな食感を残す。塩は、お米の味を生かす沖縄産の天日生塩を使用。サービスで提供するお茶は、有機栽培のほうじ茶を用いている。

③古木を使ったカウンターやテーブルに加え、ダークブラウンの木材を使った床も店内全体を温かい雰囲気に。イスはタイの会社にデザインを伝えて特注したもの。

shop data

おにぎり田田
住所／東京都渋谷区猿楽町23-4 代官山郵便局2F
TEL／03-3462-0398
営業時間／11:00～20:00
定休日／月曜
URL／なし

おにぎり田田 オーナーからのメッセージ

おにぎりは家庭でも、誰にでもつくれるもの。だからこそ、工夫を凝らし、家庭のものやコンビニなどで販売されるおにぎりとは一線を画するものを考案しなければなりません。

「パン屋さんのように、おにぎり屋ももっと生活に浸透できるように頑張りたい。その先駆者的存在になれたら嬉しいですね」

肉料理にも負けない満足感！モリモリ野菜のピタサンド

町家を中庭や吹き抜けのある
エキゾチックな空間に改装。
そんなお店でつくられるのは、
世界最古のヘルシー料理といわれる、
イスラエルの「ファラフェル」。
ひよこ豆とゴマを贅沢に使い、
低カロリーながら味わい深い
カジュアルな食事が楽しめる。

Falafel Garden《ファラフェル・ガーデン》

京都府京都市

京阪電鉄鴨東線の出町柳駅から徒歩1分と、便利な立地条件。築100年の町家を改装したお店の佇まいは、歴史的建造物や豊かな自然が残る、ゆったりとした雰囲気の土地にマッチしている。観光客のほか、付近に大学もあり、学生達も足繁く訪れる。

オーナーのこだわり

- …学生や散歩を楽しむ人などが多く、環境への配慮も行き届いた立地を選んだ。
- …エコロジーへの強い意識から、内装やインテリアはリサイクル品を活用。
- …体にやさしくて、おいしいファラフェルを手軽に食べられるお店。

❶手際よくファラフェルサンドをつくっていくスタッフ。オープンキッチンで出来上がりまでが見えるのも、食欲をさらにそそるポイント。❷テイクアウトもできるが、1、2階のイートイン・スペースで食べるのも人気。外光をふんだんに取り入れる開口部と吹き抜けが開放的な気分にさせてくれる。❸京町家の中庭を生かしてオープンカフェ風に。爽やかなグリーンが植えられ、おいしい空気も味わえる。❹ナチュラルなグリーンとオフホワイトを使った店舗は、自然豊かでのんびりした街の雰囲気にぴったり。

京都で注目されるイスラエル料理の魅力

京都市左京区は下鴨神社をはじめ、さまざまな歴史的建造物、大学が点在し、ゆったりとした空気の流れるところ。世界遺産「糺《ただす》の森」の雄大な自然が風にざわめき、賀茂川べりでは人々がのんびりと散歩を楽しめる。その町の景色のすべてに、古きよき京都が色濃く残されている。

そんな京阪電鉄出町柳《でまちやなぎ》駅の近くで人気を集めるお店が「Falafel Garden」だ。店名にもなっているファラフェルは、イスラエルをはじめ中近東の伝統的な食べ物で、ひよこ豆をすりつぶし、パセリや数種のスパイスと混ぜ、団子状にして素揚げするコロッケのような料理。オーダーを受けてから揚げたアツアツを、たっぷりの新鮮野菜と一緒にピタパンに挟み、トマトチリソースとゴマソースをかける「ファラフェルサンド」（350円～）が同店の看板メニューだ。

イスラエル出身のオーナー、アミール・トロイビーチさんによると、当地には専門店が数多くあり、お店によって味も多少違うとか。世界的には有名だが、日本ではまだ馴染みの薄い料理だろう。素朴だがしっかりした味わいがあり、肉を使っていないのに食べ応えは十分。サンドイッチ感覚でテイクアウトし、青空の下でかぶりつく人も多いとか。

そのほかにも、ひよこ豆をペーストにして挟んだ、あっさり味の「フムス」（450円）、揚げナスの食感となめらかなゴマペーストのハーモニーが楽しい「ババガヌシュ」（550円）のピタサンドがある。どれもボリュームがあるのにヘルシーで、価格も安めに設定してあるため、健康を気遣う中年男性やダイエット中の女性、大学生など、幅広い層に人気がある。

肉や魚、乳製品や卵を使わず、素材はすべて植物性のオーガニックもの（アボカドとホワイトチーズのピ

❶ファラフェルボールと新鮮野菜を挟んだ定番の「ファラフェルサンド」。ファラフェルボール3個入り350円、5個入り500円、8個入り780円。❷揚げナスとゴマペーストの食感が楽しめる「ババガヌシュ」(550円)は男性に人気。❸家庭でも楽しめるように冷凍したファラフェルやソースを販売。ピタは5枚で900円、ファラフェルボールは25個で800円。オリジナルソースは100グラム420円から。❹仕上げに自慢のソースをたっぷりかけて出来上がり。❺手書きの看板が親しみやすい雰囲気。❻アミールさんをはじめ、スタッフの明るい笑顔も、大きな魅力の1つ。

美容食としても人気のひよこ豆を、素朴でおいしい揚げ団子やペーストに

タサンドを除く)。そのため、ベジタリアンばかりか、すべての動物性食品を取らないベーガンやアレルギーをもつ人もよく訪れるという。

　一方、肉も食べたいという人には「チキンカバブ」(1200円)、「シュニッツェル」(チキンハーブカツレツ。850円)も用意。有機栽培の小麦を使った「オーガニックドーナツ」や「ブラウニー」といったスイーツもあり、ヘルシーなだけでなく、食の楽しみを存分に感じられるメニュー構成になっている。

ごまかしや妥協をせず やりたいことを貫く

　アミールさんは、かつて奈良市内でもファラフェルのお店を経営していたが、もっと多くの人にその魅力を知ってもらおうと、京都での出店を決意。出町柳は周辺を散策する人、大学生などが集まることもあり、集客が期待できる。それに古い文化が生きる町の風土が、イスラエルの伝

お店づくりのワザを学べ！

お店づくりで苦労した点は？

国民生活金融公庫で約800万円を借り入れたものの、中庭づくりに予想以上の出費がかさんでしまったのが反省点というアミールさん。

「しっかりした設計プランを立てて、どのくらいの資金が必要になるかを調べておけばよかったですね」と振り返る。また土地勘のないこともあり、厨房設備や什器を買いそろえるのも大変だったという。

「オープンは知り合いが譲ってくれたもの。テーブルなどのインテリアは、友人が古道具屋さんを紹介してくれました」。自分1人だけでは困難が予想される場合は、身近なところに相談できる人がいないか、人脈をたどってみるのもいいだろう。

どんな食べ方の提案があるの？

「ファラフェルサンド」は、S・M・Lサイズの3つに分けている。通常はSが「女性向け」、Mが「男性向け」、Lが「とことん食べたいあなたへ」というのが目安。お腹の空き具合で、おやつから夕食までオールマイティに楽しむこともできる。

ファラフェル単品の「ファラフェルボール」（6個入り380円）は、ビールのおつまみとしても最適。また冷凍のファラフェルやオリジナルソースをテイクアウトすれば、家庭でも好きなときに本場の味が堪能できる。もちろん、単品のピタパンやサラダと組み合わせるのも可能だ。

さまざまなシーンに対応できるメニューをつくり、お客さまの生活スタイルへの浸透を図ったことがリピーター獲得につながっている。

当初の集客方法はどうしたの？

お店のホームページでファラフェルを写真で紹介。使う食材や調理法について説明したほか、京都をガイドするフリーペーパーに広告を出した。

とくに独自性のあるメニューを扱う場合は、幅広く情報発信することが大事。ファラフェルのように馴染みの薄い料理であっても、食文化を通じて興味をもってくれるお客さまもいるだろう。

【開業資金の内訳】

店舗取得費	300,000円
店舗工事費	4,600,000円
内装工事費	1,600,000円
備品、什器費	1,300,000円
インテリア類	200,000円
合計	8,000,000円

イスラエルビール「マカビー」（580円）のほか、ウイスキー、バーボン、ラムなどもショットで味わえる。吹き抜けの天井にはシーリングファンが回り、無国籍な感覚も。

HISTORY オープンまでの歩み

2004年2月
奈良で「ファラフェル・キング」というお店を経営していたが、ヘルシーでおいしいファラフェルの良さをもっと広めたくて、京都に出店することを決意。

2004年5〜8月
友人の紹介をきっかけに、現在の物件を取得する。
店舗や内装の工事をはじめる。友人の協力を得て、築100年の町家を改装。廃材やリサイクル品を利用し、古いもののよさを生かした店舗づくりをめざした。

2004年9月
オープン。

i l l u s t r a t e d

【図解でわかる人気のヒミツ】

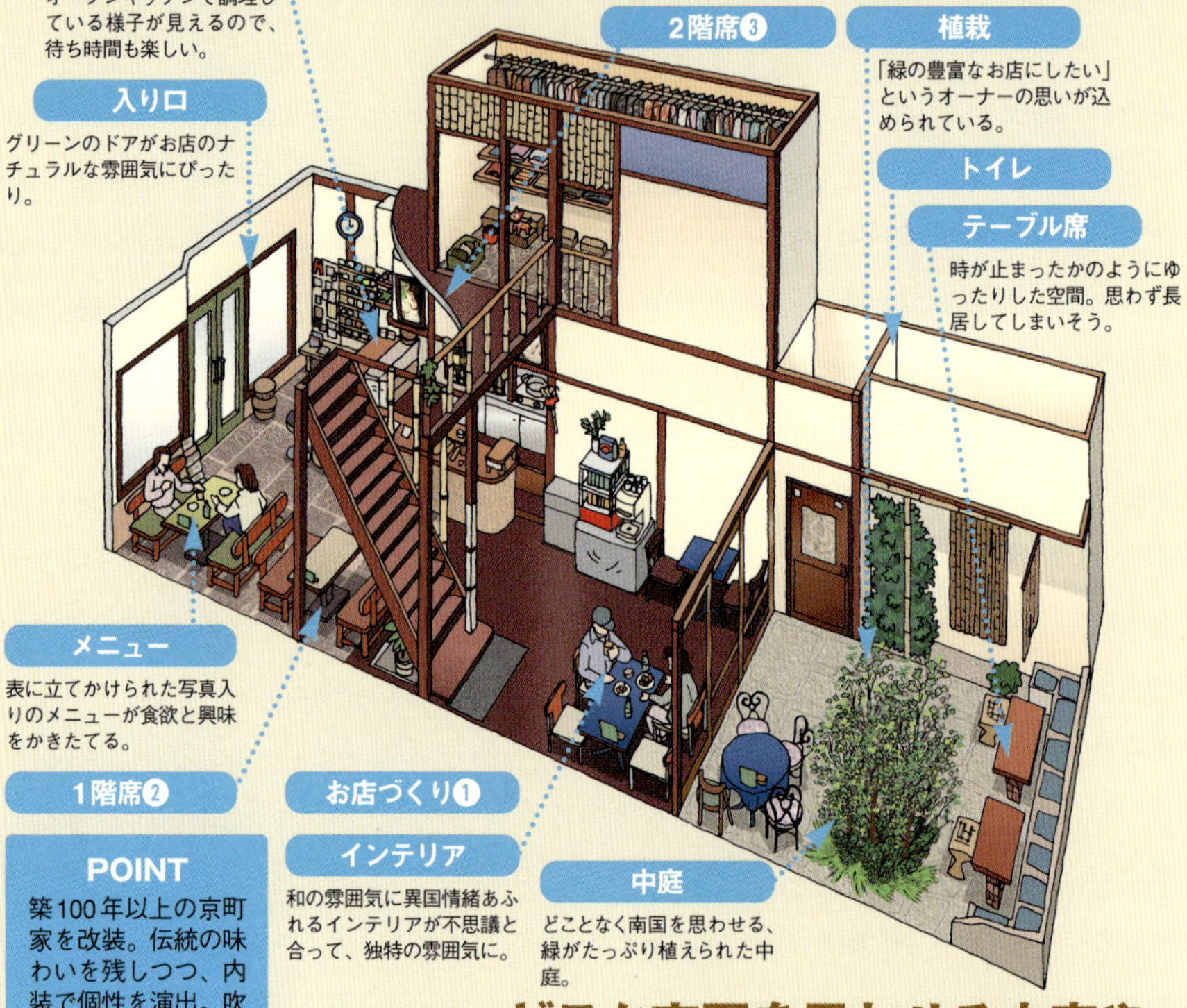
カウンター
オープンキッチンで調理している様子が見えるので、待ち時間も楽しい。
入り口
グリーンのドアがお店のナチュラルな雰囲気にぴったり。
2階席③
植栽
「緑の豊富なお店にしたい」というオーナーの思いが込められている。
トイレ
テーブル席
時が止まったかのようにゆったりした空間。思わず長居してしまいそう。
メニュー
表に立てかけられた写真入りのメニューが食欲と興味をかきたてる。
1階席②
お店づくり①
インテリア
和の雰囲気に異国情緒あふれるインテリアが不思議と合って、独特の雰囲気に。
中庭
どことなく南国を思わせる、緑がたっぷり植えられた中庭。

POINT
築100年以上の京町家を改装。伝統の味わいを残しつつ、内装で個性を演出。吹き抜けの天井が開放感たっぷり。

どこか南国を思わせる中庭や、吹き抜けのある開放的な空間づくり

統料理に合うのでは、と考えた。

外観からはわかりにくいが、築100年ほどの町家を借りて改装。1階と2階は吹き抜けでつながる開放感のあるテーブル席、また中庭は南国のような空間にするなど、町家のつくりを生かしたバラエティに富んだイートイン・スペースを設けている。そのエキゾチックな魅力と町家らしさを残した雰囲気が、新しい食の提案にピタリとはまった。

さらに、アミールさんやスタッフの気さくな接客も人気を呼び、経営は比較的早く軌道に。忙しくても笑顔を絶やさず、並んでいるお客さまにはさりげなく声をかける。リピーターや口コミ客が多いのも、その様子を見れば頷ける。

「本当によいものをつくろうという心が一番大事です」と、アミールさん。「お店づくりに料理に接客に、決して妥協しないこと。そうすれば自然に人の輪が広がるはず」と、熱っぽく語ってくれた。

owner's choice

腹もちがよく 栄養バランスに優れた料理

数千年前から中近東で主食として親しまれてきたというピタ。それを使ったファラフェルサンドは、「世界最古のファストフード」といわれるほど、中近東ではポピュラーで気軽に楽しまれている料理の一種だ。ヨーロッパやニューヨークなどにも専門店があり、健康意識の高い人によく好まれているという。

ファストフードというと高カロリーのイメージがあるが、ファラフェルサンドはヘルシーそのもの。ひよこ豆が主原料のファラフェルと新鮮な野菜がぎっしりで、腹もちがよいうえに、この一品だけでも十分栄養バランスのとれた食事になる。

「忙しい人や育ち盛りの子どもなど、多くの人に質のいい食事を楽しんでほしい」

ファラフェルサンドには、オーナーのそんな思いがたっぷり詰まっているのだ。

忙しいときでも、気軽に頬張れるのが魅力のファラフェルサンド。ボリュームも十分にあり、これで肉や魚を使っていないなんて驚き！

the shop

①入り口の近くは、光が差し込む明るい雰囲気。床板には町の廃屋に残っていた廃材を使用。インテリアの多くは古道具屋で仕入れた。奥はゆったり落ち着いた空間に。

②バラエティに富んだイートイン・スペース。町家らしい中庭にはグリーンを植え、その奥にもテーブル席を設けている。座る場所によってさまざまな雰囲気を味わうことができる。

③外光をふんだんに取り入れる大きな窓と、高い吹き抜けが開放感を演出する2階。フロアの一角に、民族衣装や雑貨などの販売コーナーも設けている。

shop data

Falafel Garden
住所／京都市左京区田中下柳町3-16
TEL／075-712-1856
営業時間／11:30～22:00（L.O.21:30）
定休日／無休
URL／http://www.falafelgarden.com/

Falafel Gardenオーナーからのメッセージ

自分の気持ちをごまかしたり、妥協してしまうと、お店はうまくいきません。コンセプトを固めたら、それを貫き通すことです。

「自分が納得できないものは出さないこと。それが、お店を続けるうえで一番大切なことです」

Delicatessen

「温もり」と「笑顔」を込めて届けたい！

デリ＆お弁当には、おいしさだけでなく、温もりや安心感、健康への配慮なども求められています。人気のお店は、それらをトータルで考えているからこそ、お客さまが何度も足を運んでくれるのです。

日々の食事を、外食やコンビニなどに頼る人が増えてきています。1人暮らしの人や核家族が増え、女性の社会進出が著しい現代においては、それも仕方ないことなのかもしれません。

忙しい人が、食事の時間さえ惜しむ気持ちはわからなくもありません。でも、利便性だけを求める食事は味気なく、からだにもいいとはいえないでしょう。バリバリ働けるのは、健康なからだがあってこそ。その健康を維持するには、毎日の食事ほど大切なことはないはずです。

ここ最近、総菜店やデリカテッセンが増えてきたのは、いままで食の大切さを気にしなかった人が、ようやく気付きはじめたからといえるで

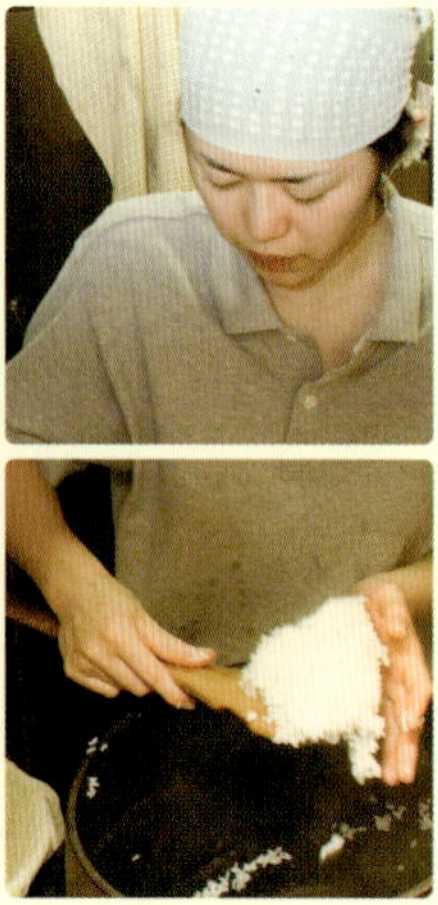

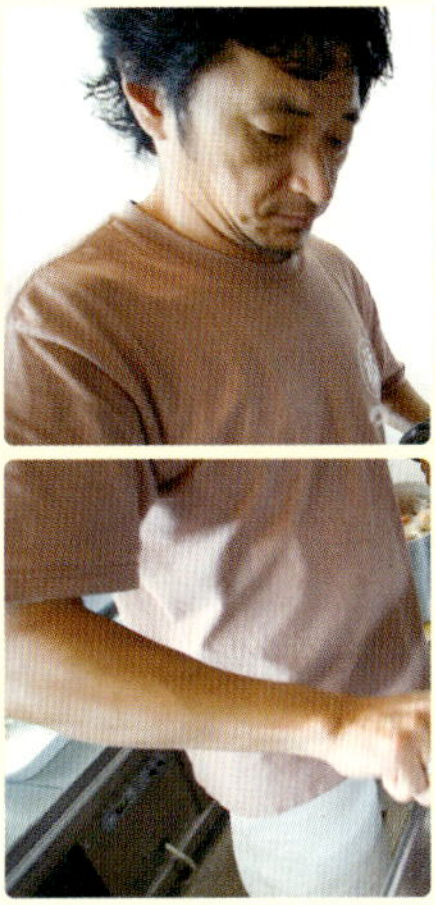

Lunch &

しょう。

　本書に登場する10店のオーナーは、夢と将来を描いてお店をはじめた人ばかりです。忙しいOLさんのため、アレルギーをもつ子どものため、豊かなライフスタイルを望む地元住民のためなど、それぞれ表現方法やアプローチの仕方は異なりますが、どのオーナーにも共通するのは、「食べた人に喜んでもらいたい！」という思いです。

　しかし、そんなオーナーたちのオープンまでの道のりは、決して平坦ではありません。物件探しに何日も何時間も歩いたり、資金繰りに奔走したり、頭を下げて交渉しなければならないことの数々。慣れない仕事ばかりでも、彼らが夢を実現できたのは、ただ「おいしい」というお客さまの笑顔が見たかったからなのです。

　そんな先輩たちを参考に、私たちも、笑顔のあふれるお店をつくっていきたいものです。

デリ＆お弁当屋さん オーナー語録

「最初の気持ちが5年間変わらない人は続きます。うまくいかないときにどう頑張るかです」（みどりえ　P024）

「『いま食べるのが一番おいしい』というものしか仕入れないので、1日として同じ陳列はありません」（808＋　P042）

「『死ぬ前にペイザンのスープを飲みたい』というおばあちゃんの言葉が励みに」（ル・ペイザン・ベジデリ　P030）

■中食1回あたりの購入金額（総菜類）は？

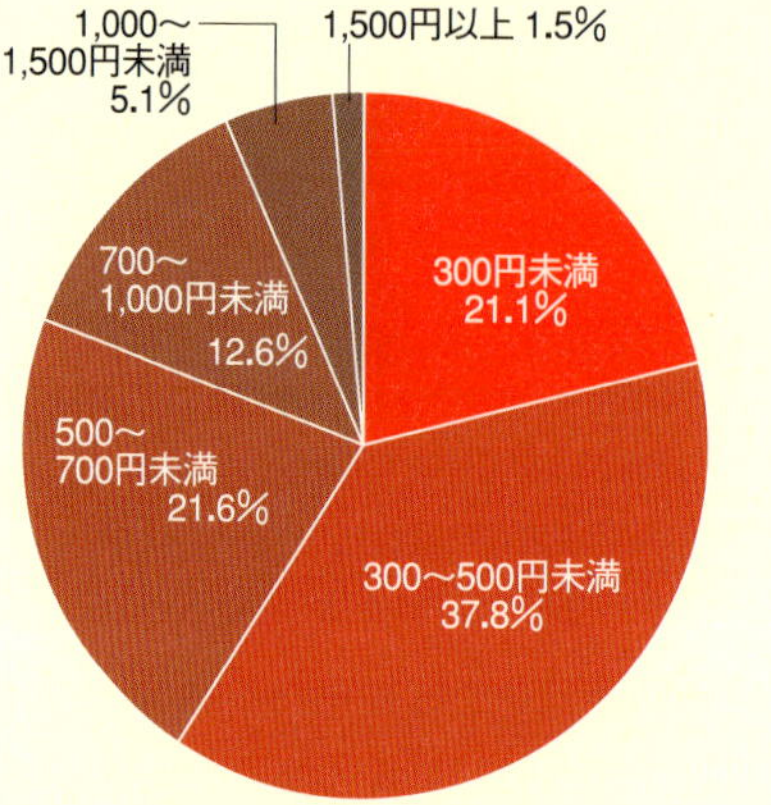
1,000～
1,500円未満
5.1%
1,500円以上 1.5%
300円未満
21.1%
700～
1,000円未満
12.6%
500～
700円未満
21.6%
300～500円未満
37.8%

1回の購入が500円未満という人が全体の6割近く、700円未満となると8割を超す。客単価としては低いが、この手軽さゆえ、何度も足を運んでくれる人も多い。（出典：農林水産省「平成15年度食料品消費モニター第2回定期調査」）

■総菜産業の市場規模はどのくらい？

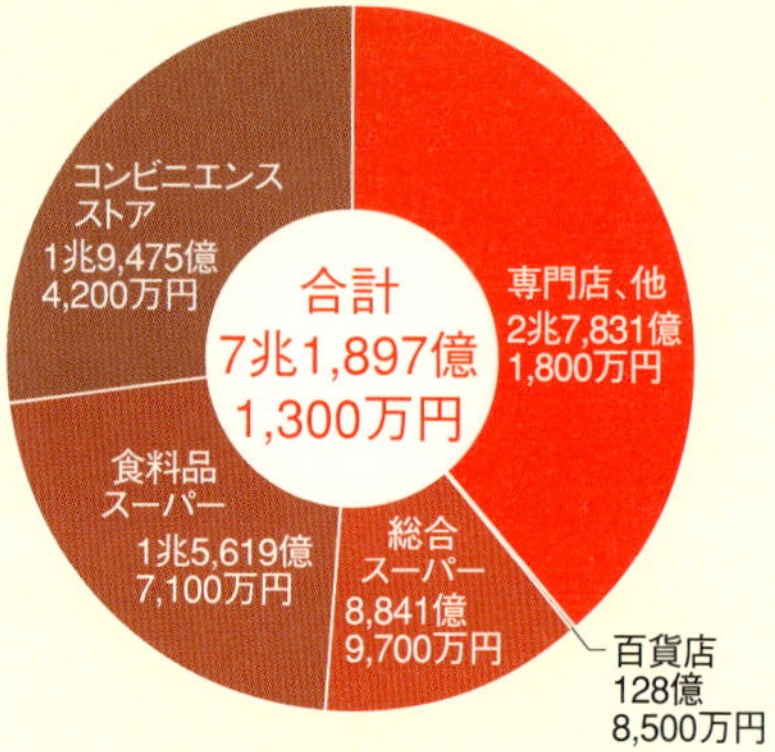
合計
7兆1,897億
1,300万円
専門店、他
2兆7,831億
1,800万円
コンビニエンスストア
1兆9,475億
4,200万円
食料品スーパー
1兆5,619億
7,100万円
総合スーパー
8,841億
9,700万円
百貨店
128億
8,500万円

97年には全体で6兆3500億円ほどだったのが、04年に7兆円を超す巨大なマーケットとなった。グラフにはないが、百貨店以外は軒並み前年比を上回っており、まだまだ成長が期待できる（出典：社団法人日本惣菜協会「惣菜産業の市場規模」2004年）

毎日の生活を、おいしさの笑顔で彩ってほしいから

健康だけでなく、生活のあらゆるものの基本となる食。
いまやそれは、食欲を満たすためだけではなくなってきた。
そこにどんな「思い」を込められるか――これからはそれが大切になる。

お店のスタイルは、人気のデリカフェ、コロッケや煮物、焼き物を出す昔ながらのお店、おにぎり専門店、フレンチベースのスタイリッシュなお店などさまざまです。

多くのお客さまに足を運んでもらうお店にするには、自分の得意料理を提供したり、おしゃれなデザインにするだけでは不十分です。いまどんな料理が消費者に好まれ、そこに何が求められているのかを汲み取ることが重要になります。

「健康な食生活を送ってほしい」「子どもたちに安全な食事を与えたい」と、先輩オーナーたちは考えています。それぞれ開業のきっかけは違っていても、誰もが皆お客さまのことを第一に考えたコンセプトを基本に開業したのです。

お客さまへの心配りを大切にし、それをふまえたうえで、自分だけのオリジナリティを加えていく――魅力的なお店づくりは、そこからはじまるのです。

What's Your Favorite?

■最近半年間で購入した中食は？（半年に5回以上購入した人の割合）

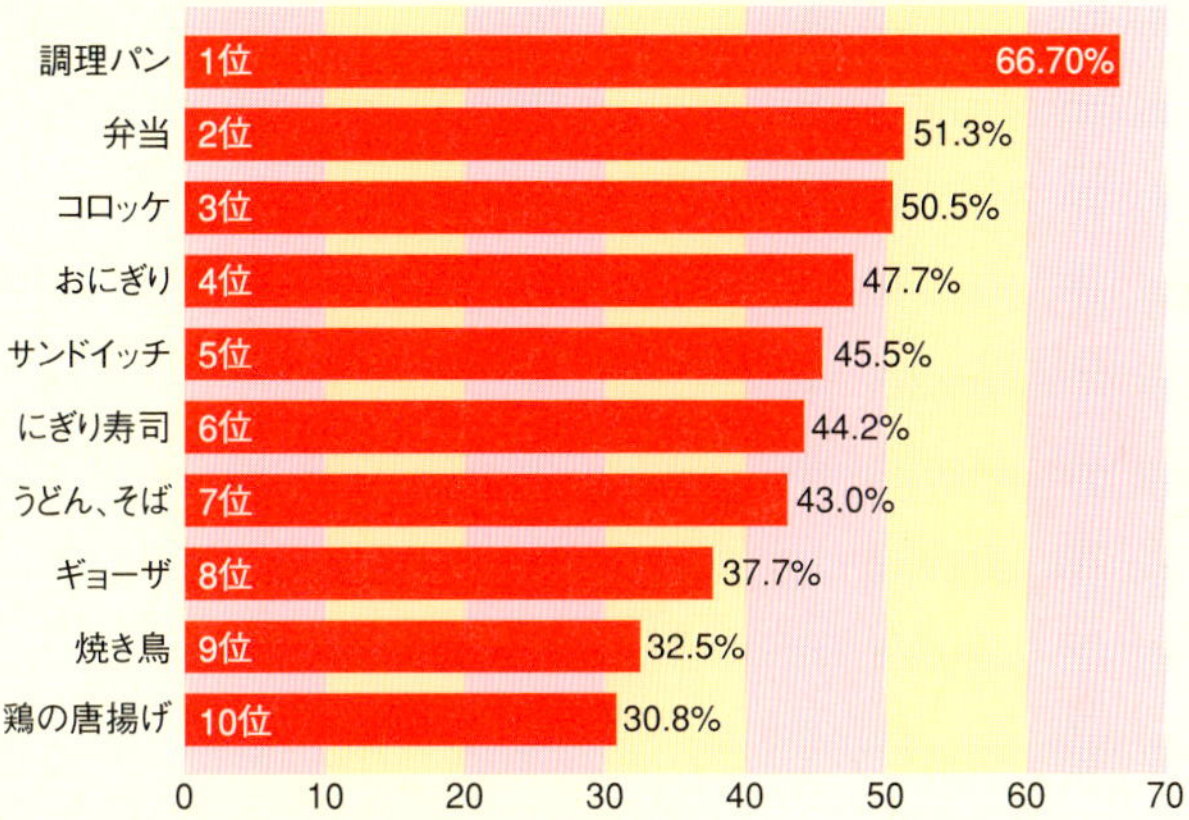

調理パン 1位 66.70%
弁当 2位 51.3%
コロッケ 3位 50.5%
おにぎり 4位 47.7%
サンドイッチ 5位 45.5%
にぎり寿司 6位 44.2%
うどん、そば 7位 43.0%
ギョーザ 8位 37.7%
焼き鳥 9位 32.5%
鶏の唐揚げ 10位 30.8%
0 10 20 30 40 50 60 70

中食を買う場合、調理パンやお弁当など食事になるものを購入する人が多いことがわかる。おやつやおつまみとしても需要が高いコロッケや唐揚げなどの定番メニューも、予想通り人気が高い。（出典：社団法人日本惣菜協会「消費者に好まれる惣菜」）

■夕食はどこで買うの？　買うときの基準は？

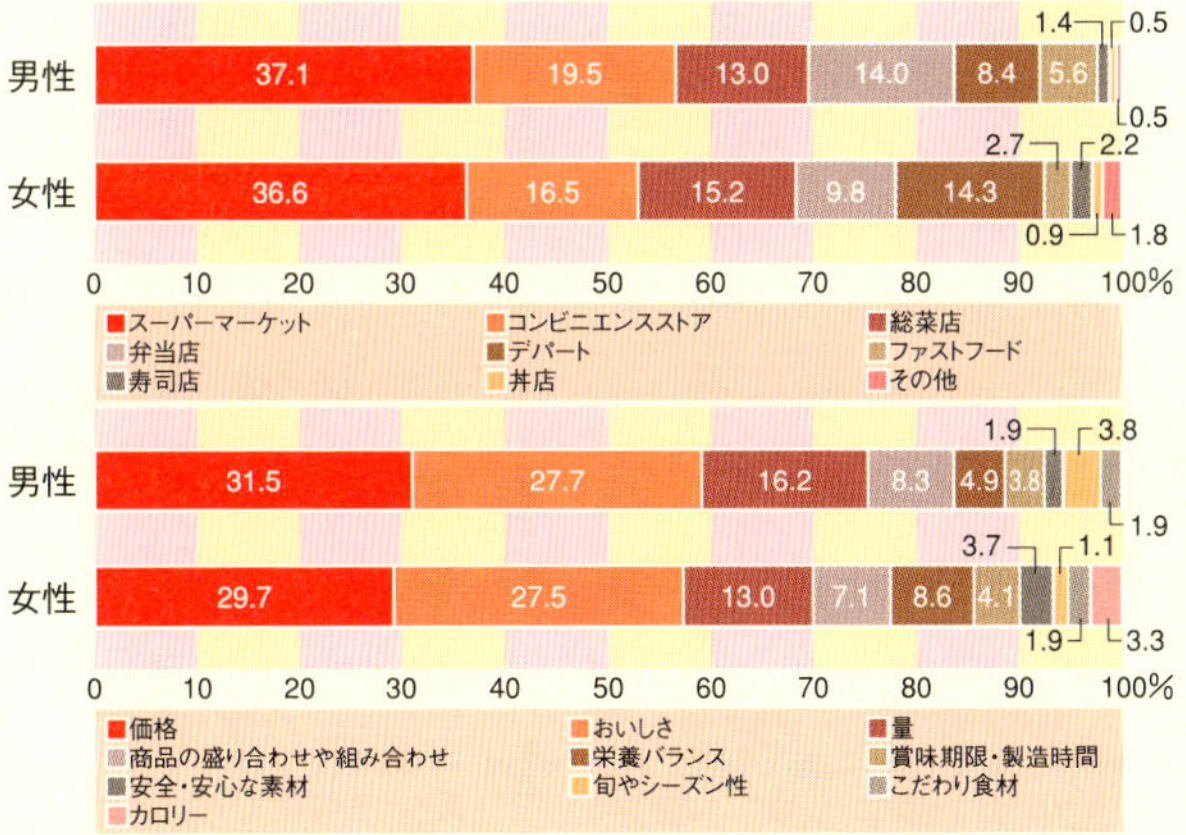

男性 37.1 19.5 13.0 14.0 8.4 5.6 1.4 0.5 0.5
女性 36.6 16.5 15.2 9.8 14.3 2.7 2.2 0.9 1.8
0 10 20 30 40 50 60 70 80 90 100%
■スーパーマーケット ■コンビニエンスストア ■総菜店
■弁当店 ■デパート ■ファストフード
■寿司店 ■丼店 ■その他
男性 31.5 27.7 16.2 8.3 4.9 3.8 1.9 3.8 1.9
女性 29.7 27.5 13.0 7.1 8.6 4.1 3.7 1.1 1.9 3.3
0 10 20 30 40 50 60 70 80 90 100%
■価格 ■おいしさ ■量
■商品の盛り合わせや組み合わせ ■栄養バランス ■賞味期限・製造時間
■安全・安心な素材 ■旬やシーズン性 ■こだわり食材
■カロリー

購入先は、スーパー・コンビニ・総菜店が男女とも約7割を占める。また、ファストフードを利用する男性は約6%と女性の倍となっている。購入基準は男女とも同様。価格とおいしさがそれぞれ約30%で合計60%、異なるのは女性が栄養バランス、食材の安全性・カロリーにこだわり、男性は旬にこだわる点。（出典：ビストロメイト「05年中食についての調査」　URL/www.bistromate.com）

最初は単なる夢でもいい　あわてずに具体化していこう

デリやお弁当は、毎日のように食べるものですが、人が多く集まる街に出店すればいい、というわけではありません。立地や提供するメニューなどについて具体的でしっかりとしたコンセプトを掲げることが重要です。

たとえば立地選び。本書で紹介する「みどりえ」（24ページ）は、オーガニックの良さを知ってもらうため、食や健康に関心の高い人が多く住むであろう街に、「HAPPY DELI」（18ページ）は、観光客の多い鎌倉で、地元の人が気軽に利用できるようにと開業。イスラエルの伝統料理を扱う「Falafel Garden」（66ページ）の場合は、古い歴史をもつ京都なら、異国の伝統料理ともうまくマッチするのではと考えて出店しました。

はじめから具体的なコンセプトが決まっていなくてもかまいません。まず「お店をもちたい」という夢があれば大丈夫。あとはその夢を実現できるよう、徐々に具体化していけばいいのです。

■海外デリ事情～本場アメリカでは～

デリカテッセンは、ユダヤ系移民が多いニューヨークで、彼らのためにターキーやスモークサーモンなどの料理を出すお店として誕生したのがはじまりとされる。ドイツ語のDelicat（おいしい）とessen（食べる）が結びついてできた言葉。

誕生の地であるアメリカには、さまざまなスタイルのデリが多数存在する。独立型の店舗をはじめ、大型スーパーの中にも売り場がある。

メニューはフランス、イタリア、メキシコ、スペインをはじめ、中国や韓国、日本など世界各国の料理がある。日本でいうデパ地下に似ているが、デパ地下のように高級感はなく、5ドルも出せば大人でもお腹いっぱいになるほど。

オーダーの仕方も日本とは違う。たとえば、まずバゲットやベーグルなどパンの種類を選び、ターキーやチキンなどのメイン、トマトやタマネギなどの野菜、チーズの種類、マスタードやケチャップなどのソースをそれぞれ指定していく。自分のスタイルを大切にするアメリカ人らしい方法だ。

また、健康志向の強いアメリカでは、デリにおいても、低カロリー、低脂肪の食材や日本食が注目を集めている。日本の大手コンビニチェーンが、寿司や弁当など日本のデリフードを扱うお店をオープンさせる現在、今後日本から本場への逆輸入が増えるかもしれない。

05年7月、コンビニチェーンとしてはじめてファミリーマートがアメリカ・ロサンゼルスに出店。「Famima!!」ブランドとしてオリジナルのデリを中心に寿司、おにぎり、お弁当を提供している。（写真提供／株式会社ファミリーマート）

■いまもっともアツい小売業態の1つ

車でお弁当や総菜のほか、カレーや丼物などを売る業態のお店を、従来の屋台と比較して、「ネオ屋台」と呼ぶ。

会社帰りに立ち寄るかつての屋台とは違い、ターゲットはランチタイムのビジネスマンやＯＬ。そのため、営業時間もお昼が中心となる。なかでも数多の人を集める「ネオ屋台村」（P053参照）には、エスニックや中華、沖縄料理など、さまざまな移動屋台が集まってくる。

都心でよく見られるようになったのは、2002年から2003年にかけてのことで、比較的新しい。大都市のビジネス街を中心に、郊外の大型店の駐車場など、いま全国的な広がりを見せつつある注目の業態だ。

「ネオ屋台村」は、「東京国際フォーラム村」ほか都内に8カ所（06年10月現在）。それぞれ近隣の人によく利用されている。

■上質の味を手軽に味わえる「デパ地下」

日本で総菜店といえば、「デパ地下」。かつてはギフト用の売り場としての位置づけであったが、中食が一般に広まるにつれ、徐々に総菜などを中心に扱う売り場へと変わっていった。とりわけ5～6年前に起こったデパ地下ブームにより、総菜店の認知度も一気に高まっていった。

近年勢いがあるのは、総菜専門店の旗手ともいうべき「柿安ダイニング」や「RF1」「まつおか」など。これらのお店のように、「健康」「安心」「家庭料理より少し上質の味」などをコンセプトに掲げるお店がデパ地下の主流だ。またデパート側では、店舗数を減らしてまで、ゆとりあるイートインスペースを設けるところも少なくない。

■昼食はどこでとっている？

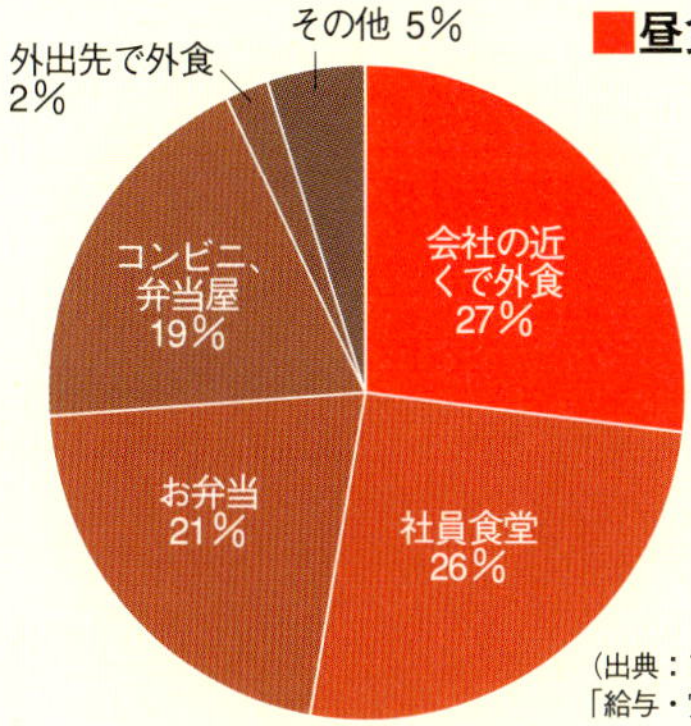

会社の近くで外食 27％
社員食堂 26％
お弁当 21％
コンビニ、弁当屋 19％
外出先で外食 2％
その他 5％

（出典：Tech総研2005年4月27日「給与・賞与・報酬相場レポート」）

お弁当持参の21％をのぞき、社内でランチを食べるという人は全体の45％。また、500円以内ですませる人も半数以上にのぼる（グラフ下）ことからもわかるように、ランチはいかに安く抑えるかが最大の関心。さらに、最近では、社員食堂を廃止する企業も多く、いわゆる「ランチ難民」となる人が増えている。丸の内周辺のネオ屋台が毎日行列をなしているのも、1つにはそうした理由があるためだ。

■1日の昼食代の平均を見てみよう

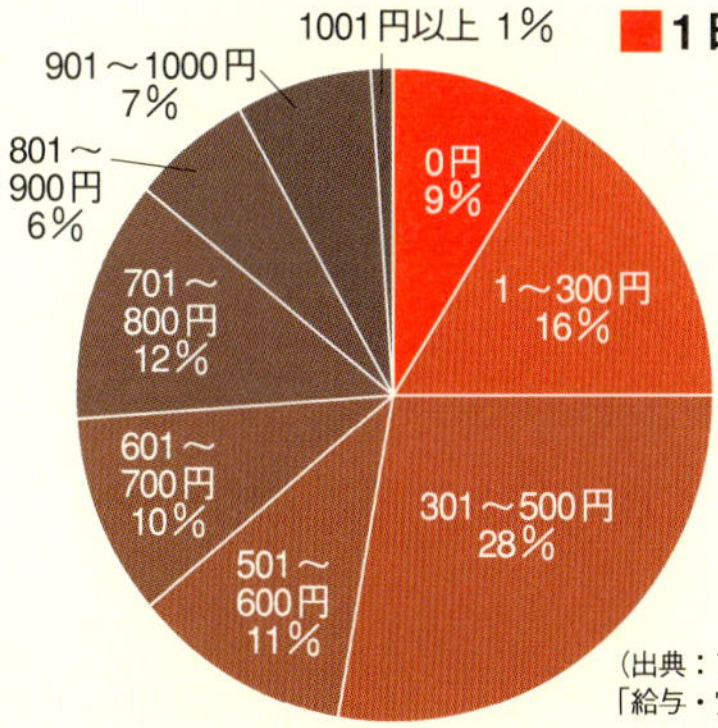

0円 9％
1〜300円 16％
301〜500円 28％
501〜600円 11％
601〜700円 10％
701〜800円 12％
801〜900円 6％
901〜1000円 7％
1001円以上 1％

（出典：Tech総研2005年4月27日「給与・賞与・報酬相場レポート」）

ランチの移動販売といえば、東京国際フォーラムなどにあるネオ屋台村が有名。これは、（株）ワークストア・トウキョウドゥが運営するもので、登録店舗は現在、100店を超える。

■2004年　デパ地下好感度ランキング

関東地方		
1位	東　武	池袋
2位	伊勢丹	新宿
3位	高島屋	新宿
4位	すずらん	高崎
5位	松坂屋	上野

近畿地方		
1位	伊勢丹	京都
2位	阪　神	梅田
3位	高島屋	京都
4位	阪　急	梅田
5位	近　鉄	大阪

（「好感度研究所」http://www.depart-ranking.com/）

関東1位の池袋東武は、「四川飯店」や「ホテルオークラ」「まい泉」などの有名飲食店から「まつおか」「RF1」などの総菜専門店まで、和洋中あわせておよそ80店もの総菜店が入っており、幅広い層から支持されている。

一方、近畿の1位、京都伊勢丹は、総菜店の数こそ池袋東武には及ばないが、「老舗の味」と題したラインナップが好評を得ている。「赤尾屋」「富起屋」「くらま辻井」など、何百年という歴史ある老舗の味が楽しめるのが人気のようだ。

はじめてのデリ&お弁当屋さん
オープンまでのスケジュール

1年後のオープンをめざして、それまでのスケジュールをたててみよう。
全体を通して見ることで、具体的な手順や作業が見えてくるはずだ。

1～3 カ月目 人気のデリ&お弁当屋さんを巡ってみよう

人が集まるお店にはそれなりの理由がある。メニューや立地、お店づくりなど、参考になることはどん欲に吸収。自分のめざすスタイルに近いお店はもちろん、さまざまな人気店を見て回ることが大切だ。

やっておきたいこと

- インターネットや雑誌で最新の情報を把握する。
- 品ぞろえや味つけだけでなく、接客態度や顧客の反応などもチェックする。
- お気に入りのお店、違うジャンルのお店も見て回る。

4～5 カ月目 自分らしいショップを描いてみよう

自分の理想的なお店をイメージしてみよう。まずは総菜の種類や品ぞろえ、顧客ターゲットなどをふまえて基本となるコンセプトを明確に。それから徐々に具体的なお店像をつくりあげていこう。

やっておきたいこと

- 自分のやりたいことに固執せず、資金や客層、立地など、あらゆる角度からお店のかたちを考えていく。
- コンセプトは、他人のまねでなく、自分が納得できるものをつくろう。

6～8 カ月目 オープンに向けて準備開始！

出店エリアを決めて物件を探しはじめる。駅やバス停から自分の足で歩くことが大事。人の流れや街の雰囲気などは集客に大きく影響する。気になった物件は、間取りや状態などを細かくチェック。

やっておきたいこと

- 希望エリアの物件相場、競合店、客層などを調査。
- コンセプトやお店の状態から、必要な設備や工事を割り出す。
- 仕入れ先、工事業者を選定し、予算を計上する。

9 カ月目 いろいろなモノをそろえよう

まずは食材の仕入れ先を見つけよう。必ず自分の舌で確かめることが大事だ。ショーケースはメニューと規模に合わせて選ぶ。総菜を詰めるパックは大きさ、デザイン、値段など細かくチェックしよう。

やっておきたいこと

- 食材は必ず自分で確かめる。近所のスーパーや八百屋さんなども確認しておこう。
- ある程度メニューを決めて、陳列に必要な設備を確認。
- 容器類の使いやすさや予算などを考慮する。

10 カ月目 お金の準備をしっかりと！

初期投資はできるだけ低く抑え、運転資金を多く用意したい。借り入れが必要な場合は、自治体や政府系金融機関など、利率の低いものがお勧め。開業計画や資金計画はしっかりたてておこう。

やっておきたいこと

- 開業にかかるお金を計算し、家族や金融機関など、借入先を調べておく。
- 開店直後に必要なお金と、売り上げ目標を出す。
- 開業計画、運営方法、収支計算なども考えておく。

11～12 カ月目 さあ、オープン直前

店名を決め、ロゴや看板をつくる。メニューや調理手順、接客方法を確認し、お店のルールを決めていく。オープン予定日を決めたら、チラシなどで宣伝しよう。あとは本番まで練習を重ねるのみ！

やっておきたいこと

- 本番同様のリハーサルを行い、問題点をチェック。
- 仕入れ手順、在庫管理などをチェック。売り場や厨房の動線を確認。
- 保健所や税務署への届け出、近隣へのあいさつ回り。

第2章

魅力的なコンセプト設計をしよう

個性を生かして、愛されるお店づくり

メニューの開発はもちろん大切ですが、
まずお店の方向性を示す
コンセプトを決めなければなりません。
総菜の種類や立地など
さまざまな角度から分析・検討して、
自分だけの個性的なお店を
描いてみましょう。

デリ＆お弁当に期待されるのはお持ち帰りできる「豊かな食卓」

仕事場でのお昼ご飯、忙しくて料理ができないときなどに、ファストフードや街の総菜店で仕方なしに軽い食事を買う……。そんなひと昔前までのテイクアウトはいまやすっかり様変わり。「食」を通じての豊かさこそが求められているのだ。

本格志向のニーズを残し外食から「中食」へ

買った食事を持ち帰って食べる、いわゆる「中食（なかしょく）」は、低迷が続く食市場にあって拡大の一途をたどっている元気な業態。ここがデリ＆お弁当屋さんの舞台です。

扱うメニューは、調理済みあるいは少し手を加えるだけで食べられる総菜が中心となりますが、精肉店のコロッケなどのように、総菜を買って持ち帰るという習慣は、以前から私たちの暮らしにありました。

しかし、現在お店によっては行列ができるほどの中食人気のなかで、お客さまが商品に対して求めるものは、従来とは比較にならないほど高いレベルに達しています。

商品価値を決める要素で重視されるのは「おいしさ」と「安全性」。デリやお弁当屋さんに来る多くのお客さまにとって、いままでのテイクアウト店の代名詞である「早さ」「安さ」はさほど大きな意味をもたなくなりつつあります。

それ以上に、多少待たされたり値段が高かったりしても、本格的な味わいや添加物なしの安心を掲げる商品こそ選びたい。そんな心理に応えながら、レストランや料理店にはない手軽さや価格を維持した高品質な商品の提供が求められているのです。

豊富なメニューをそろえることも大切

特定の料理に偏らない多様なメニューを用意することも大切です。古今東西の食文化に触れているお客さまは、1カ所でいろんな種類の総菜がそろう便利さも、一方で求めているのです。和洋中はもちろん、高級志向のものからおふくろの味までそろうデパ地下は、お客さまのニーズに応えるかたちの1つです。

隆盛を続けるデリ＆お弁当屋さんは、レストランより自分の家で、でもおいしく豊かに食事をしたい――そう望む人々の心を、見事にとらえているといえるでしょう。

■「中食」と「内食」

中食と内食の違いは、内食が半調理品を持ち帰って多少なりとも手を加えるのに対し、中食は器に盛る程度で手を加えずそのまま食べる点。

コンビニエンスストアなどの中食市場参入により、その気になれば調理器具を持たずとも食生活が成り立つ時代になり、下宿の部屋に冷蔵庫も包丁もない大学生もいるという。コンビニが冷蔵庫であり電子レンジというわけだ。

デリやお弁当に求められる５つのポイント

おいしさ／味

taste

お店で食べるものと同レベルのおいしさ、味わい深さが当たり前。本格志向のものほどお客さまを満足させることができ、集客力にダイレクトにつながる。

どれか１つが優れていてもダメ！トータルバランスがとれていることが大切だ

豊富なメニュー

various menu

和洋中からエスニック、高級志向、おふくろの味まで、多様な食文化が受け入れられているこの日本で、多品種のなかから選べること自体が１つの価値となる。

安心／ヘルシー

healthness

スローフード、ロハスの流行はいうまでもなく、現代人の健康志向はもはや常識。添加物や農薬、抗生物質などをできるだけ避け、国産や産直にもこだわることは、お客さまへの大きな訴求力となる。

手軽さ

easiness

「自宅で豊かなご飯を味わいたい」というニーズがあるのは、自分の時間を大切にしたいという思いから。選ぶのも買うのも、食卓に広げるまでの手間もできるだけ省き、しかも「とりあえず」でない食事が期待されている。

価格

price

安さ第一でこそなくなったものの、パーティーなどを除けば外食と同じ予算でテイクアウトを利用するお客さまはいない。高品質かつリーズナブルであることが、お持ち帰りの真骨頂なのだ。

これからの中食には社会を支える役割も

今後の中食市場は、外食やコンビニからの新規参入も加え、より激戦となるだろう。なぜなら社会構造と密接に関わる部分が中食には多分にあるからだ。仕事をもつ女性は今後増え続けることが予想される。

時間をかけずにおいしく、しかもきちんと栄養がとれる、かつ安全な、「高品質デリ&お弁当」の需要はますます高まっていくことだろう。

食事の支度が負担になったり、肉や野菜など通常パッケージの食材量が料理しきれなくなった多くの高齢者もまた、今後のデリの「パワーユーザー」として存在感をもつ人々。

中食に携わることは、ビジネスのみならず、人間の暮らしそのものを支える重要な役割を担っていることを忘れずにいたいものである。

お客さまが求めるものは？

従来型を越えるひと工夫は「手づくり」「高級感」「希少感」

テイクアウトそのものは昔からあるお店の業態。だからこそ考えていかなければならないのが新しい「お持ち帰りデリ＆お弁当」のかたちだ。お客さまを惹きつけるにはどんな魅力が必要なのか考えよう？

現代人がデリ＆お弁当に求めるものは身近な味

テイクアウト店に対するお客さまのイメージが、従来とは大きく違ってきている現在、いったいどのような要素がデリ＆お弁当屋さんには求められているのでしょうか。

まず「手づくり感」「できたて感」は大きなポイントの1つ。工場でつくったものを容器に詰め替えるだけより、少々時間がかかっても店先で刻んだり火を入れて調理されたものに、理屈抜きの魅力があるのはいうまでもありません。

また、ひじきの煮物や切干大根など、ありふれていても、1人暮らしではつくることの少ない「おふくろの味」を前面に押し出す方法もあります。

ただし、この場合は顧客ターゲットが絞られてくること、健康志向もプラスできるよう、有機野菜や産直素材使用といった、食材自体の訴求力も重要になってきます。

非日常の魅力でお客さまを惹きつけることも

反対に、家庭で不可能な本格・高級志向で勝負する方法もあります。

五つ星ホテルのフレンチレストランで供されるステーキやパテ、中華の名店のフカヒレといったメニューをそのまま食卓に持ち帰れるデリコーナーが、決してリーズナブルな価格でないにもかかわらず、つねに人気です。非日常の贅沢感を自宅で味わいたいという、人々の嗜好に応えているからでしょう。

店舗としてのブランド力や看板シェフがいない個人店でもあきらめることはありません。地元の特産食材を使った創作料理、名水や調味料にこだわったメニュー、海外で流行しはじめたおしゃれなスタイルやメニューをいち早く取り入れるなど、本格イメージを創出することで、お店のオリジナリティをアピールしていくことができるのです。

■この一品でオリジナリティを
大手にも老舗にも絶対に負けない「大ヒット」を一品開発することもお店の大きな差別化、オリジナリティの創出だ。
味はもちろん、手軽さと安さを看板に数を売るもよし、反対に、手をかけて「1日○○個限定」と付加価値をつけるもよし。
大切なのはその一品に「あれを買うために行こう」とお客さまに思わせるほどの圧倒的な力をもたせることに尽きるだろう。

愛されるお店になるために！こんな魅力をつくり出そう

魅力その1　手づくり感／できたて感

ファストフード店やファミレスでは、パック詰めされた食材を温めたりして出しているのは誰でも知っている。だからこそ、その場で材料を刻んだり盛りつけることで、できたてほやほや感が喜ばれる。

それが「お客さま本位」「食べ物を大事にしている」というお店の大きな魅力となる。

魅力その2　高級感

テイクアウトは、日常的なお持ち帰りご飯のほかに、誕生日や友達と一緒の食事、自分へのごほうびに、といった非日常的な気分を家で楽しむための「ちょっと贅沢な食事」となる場合もある。

舌が肥え、生活を楽しむことを重視する人々のニーズに応える高級・本格志向のテイクアウト店としてのメニューをもてば、強い個性を放つことができるだろう。

魅力その3　希少・限定感／こだわり感

繊細な季節感をもつせいか、多くの日本人が「ここだけの」「いまだけの」といったうたい文句に弱い。

地場の特産品はもちろん、輸入食材であっても品質や種類にとことんこだわって、どこにも負けない味や品数をそろえることで「オンリーワン」のお店となることができる

魅力その4　おしゃれ感／ファッション感

日本のデリカフェ人気は、ニューヨークに端を発している。スターバックスの隆盛も、コーヒーの味以外にオープンカフェやオーダーの仕方、マイタンブラーといった珍しくておしゃれなスタイルに多くの人が飛びついた結果である。

目新しい食材や食べ方、店内の雰囲気を工夫し「行ってみたいお店」を演出することは、テイクアウト店にも十分応用できる。

食の安心・安全の条件とは

「安心・安全」な食を提供する。食べ物のプロとして知っておくこと

現代日本の食生活＝おいしいのは当たり前、いまもっとも注目されている点は、安心して食べられるかどうか。安全な食材を選び、安心して食べてもらえる商品をいかに手軽に供給するか……そこには誠意と経営手腕が問われている。

安全でおいしい食べ物に価値を感じる時代

米国産輸入牛肉問題はもとより、おりからの健康ブームも手伝って、いまや「安心・安全」は食べ物に要求される最低限の条件となりました。

同じ種類の食品であれば、通常のものよりも「有機栽培」「減農薬」「国産」と銘打たれたものを選ぶ人が確実に増えています。たとえば、「Ｏｐｅｎ Ｏｖｅｎ」（36ページ）ではアレルギー体質のお客さまにも食べてもらえるよう、卵やバターなどの乳製品は用いず、唯一使用するマフィンは、必ずPOPを使って説明しています。また、「８０８十」（42ページ）のように生産者の「顔」がわかるようラベルを貼るなどの工夫も、お客さまの「安心・安全」感につながります。

立ちふさがる価格の壁 生産者との協働を考える

デリ＆お弁当屋さんにとっても食の安全性追求は避けて通れない課題ですが、何より大きいのが価格の問題。

効率優先の量産体制や大規模な輸入、農薬や添加物などは、元をたどれば、食材や商品を安く大量に供給し豊かな日本の食生活を支えるために発達したものなのです。

その一方で、産地や栽培・育成方法が不明だったり、健康に害を及ぼす添加物を加えないと見た目や品質が保てないなど、安心にはほど遠い食材や食品が日常的に出回っているのも事実。これらを避けて安全な食材を使うことは原価アップにつながります。どんなに安全で健康によい商品でも、3倍の値段で買ってくれる人は少ないでしょう。

しかし、食べる人のことを考えて農業や畜産、加工業に取り組んでいる生産者はたくさんいます。彼らと力を合わせれば、安全でおいしい食べ物を適正な価格で供給することも決して夢ではないのです。

■有機栽培って何？

安全志向の高まり以降、「有機野菜」「減農薬」などさまざまな宣伝文句が野菜売り場に踊るようになったが、じつは正確な意味はあいまいなままだった。

これを受けて農水省は法律を改正、現在では「化学合成農薬、化学肥料、化学合成土壌改良材を使わないで3年以上を経過し、堆肥などによる土づくりを行った場において収穫された農産物」のみを有機農産物、それ以外の農薬や化学肥料を減らしてつくられたものを「特別栽培農産物」として表示することになっている。

「安心・安全」な食材・食品の６か条

1 「素性」がはっきりしていること

産地や生産者、輸入ものであれば原産国がどこであるかなど、食材・食品がつくられて市場に出るまでの素性がわかれば、おのずと生産者側の姿勢や責任を明確にし、商品の質の維持・向上へとつながる。

2 「薬品」の使用を抑えていること

穀物や野菜などの農作物では、収穫までに農薬をどの程度使ったか、また食肉や養殖魚では、大量飼育を維持する抗生物質投与や飼料がどの程度の農薬や薬剤を用いてつくられたかが安全に大きく影響する。生産時にさかのぼって確認できることが望ましい。

3 「新鮮」であること

収穫・出荷してから市場に出るまでの時間は、そのまま食材・食品の鮮度＝品質に反映される。「地産地消」という言葉もあるように、その土地で取れるものはその場で食べることがもっともよいという考え方も覚えておきたい。

4 「添加物」を使用していないこと

加工品においてはもっとも注意したい要素。保存料や着色料はもちろん、食感や舌触りをよくしたり、加工しやすくするためなどにも多くの添加物が使われている。加工の過程が見えにくい輸入食材などはとくにしっかり確認しよう。

5 「遺伝子組み換え」作物でないこと

現時点では遺伝子組み換えの国産品はないことになっているが、輸入野菜や家畜の飼料として使用される輸入農作物に含まれている可能性は否定できない。確実に避けるには、原則として輸入ものを扱わないことだろう。

6 「国産品」をなるべく選ぶこと

5で挙げた遺伝子組み換えのほか、輸入作物は長い距離を輸送するための保存処理や添加剤が必要になり、市場に出るまでの経緯（農薬や抗生物質など）もわかりにくい。また日本国内では使用禁止になっている薬剤が許可されている国もあるので注意が必要だ。

「安心」を売るには つくる側の智恵も不可欠

すでに常識になったとはいえ、ただ安心・安全なだけではものが売れないこともまた、逆らいがたい事実である。曲がったキュウリよりもまっすぐで肌がぴかぴかしたものが、店先ではいまだに人気がある。

しかし、もちろん諦めることはない。「808十」（42ページ）のように、見た目が悪くて市場には出せない無農薬野菜を総菜に使う方法がある。

丸まったキュウリや虫食いのキャベツも、スライスしてしまえばおいしいサラダをつくる極上の食材になる。農家とデリの協働が生んだ成功例といえるだろう。

つくり手同士の智恵と力を合わせることこそ、消費者の心をとらえる安心かつ競争力のあるメニューの実現につながっていくのだ。

普段のご飯もご馳走もOK！お店のスタイルは多種多様

子ども・若者・主婦・サラリーマン・お年寄り。昔ながらの総菜・おしゃれなデリ・高級フレンチ。すべてがデリ&お弁当屋さんの守備範囲だ。まずは基本的なスタンスと5つのスタイルを紹介しよう。

日常の食事もおまかせ 存在感を増すテイクアウト

自炊や外食と並んで、いまやテイクアウトは日本人の典型的な食事スタイルの1つになりました。

1人暮らしの学生や仕事主体の生活をする独身男女、共働き夫婦、単身赴任、高齢者と、デリ&お弁当屋さんはさまざまなライフスタイルの人々の日常を支える重要な役割を果たすようになったのです。

食文化はその社会の様子を映し出します。地球環境や健康に対する関心が高まっている現在、テイクアウト店のメニューも「安全」や「オーガニック」の要素がすでに常識となりました。

少子高齢化、健康重視の世相を反映し、小ポーションや減塩、栄養を重視した商品構成も見逃せません。和洋中を問わず、従来以上にきめ細かく気配りの利いた、かつ毎日でも食べられる品ぞろえや品質を確保することが求められているのです。

バラエティに富んだお店が「豊かな食文化」を演出する

それとは反対に、バラエティに富んだ非日常的な食文化を手軽に楽しめるものとしても、テイクアウトは支持されています。

爆発的な人気を呼んでいるデリカフェスタイルのお店は、ニューヨークやヨーロッパ各地のデリ／カフェが「おしゃれで快適な新しい文化」として、若い女性を中心に多くの人々に受け入れられたもの。

また、レストランには気軽に足を運びづらい世界各地のエスニック料理も、テイクアウトなら毎週でも味わうことが可能です。ランチタイムのオフィス街で「アジアンご飯」のお弁当をほおばる姿を見かけることもよくある光景です。

こうして、多様なメニューやスタイルでさまざまな人々の食事ニーズに応えつつ、テイクアウト市場は広がり、発展してきたのです。

■「量り売り」でテイクアウト
手軽さがウリのデリで、意外にもユーザーの要望が多いのが、昔ながらの量り売り。
家族の人数が減り、独居高齢者も増えている現在、多品目を少なめに食べたい人が増えている。スタッフとの会話があることも量り売り人気の要素の1つだろう。
混雑する昼食時など、なるべく量り売りを避けたいときには、小ポーションのパッケージを多く用意しておくといった工夫をしているお店もある。

安心と健康こそ基本中のキホン
オーガニック系

きれいな空気や水とともに、健康で人間らしい暮らしとは何かを考え、それを大切にする生活様式を選ぶ人々が増えています。スローライフ、ロハス、オーガニック重視はその典型です。

こんなライフスタイルに応えるかたちで安心安全な素材と栄養やバランスをきめ細かく配慮したメニュー構成のテイクアウトは、新しいデリ&お弁当屋さんのスタンダードになりつつあります。

食品の原材料や製造元の情報を追跡できる「トレーサビリティ」はいうまでもなく、どこで、どのようなかたちで栽培されたり育てられたりしたか、食材の素性はオーガニック系でもっとも重要な要素の1つ。お店のPOPやスタッフの説明などでお客さまに十分アピールしたい部分です。もちろんお店を差別化する大きなポイントにもなります。

保存料や発色剤などの添加物もできるかぎり避けたいところですが、持ち帰り時間やシズル感でおいしさを目で訴えたいといった面もあるため、ただ使わないだけでは商品の売れ行きが落ちる可能性も。盛りつけ方を工夫したり、レモンや酢など、天然材料で保存性を上げるといった努力も欠かせません。

食事はゆとりをもって楽しめることが大切。看板などでもオーガニックのお店をアピール。「みどりえ」（P024）

定番メニュー　menu

- 有機野菜のサラダ／デリ／スープ
- 国産小麦と天然酵母のパン
- 豆／豆腐料理
- 煮魚／焼魚類
- 国産／産直肉類のデリ
- 玄米や五穀米のご飯

「マクロビオティック」や「デトックス」って何？

オーガニックというと考えざるを得ないのが食事系の健康法やダイエット法。なかでも最近とくに注目されているものが「マクロビ」と「デトックス」だろう。

マクロビオティックは「正食」とも呼ばれ、玄米や雑穀など精白していない穀物と野菜・海藻をメインの食物として、肉類や乳製品は避け、砂糖類は使わず、かつなるべく住んでいる土地に近い有機栽培のものを選ぶ食生活を指す。健康長寿のほか、アトピーなどのアレルギー改善、そしてもちろんダイエット法として人気がある。

デトックスとは「解毒」を意味し、身体に悪影響をおよぼす化学物質や老廃物を、特定の食品やサプリメントによって体外に排出しようという健康法。

食材ではハト麦やモズクなどの海藻、ブルーベリーなどの摂取が勧められるが、実際に有効かどうかは疑問視する声もあり、未だ発展途上といえるだろう。

おしゃれなイートインが人気
デリカフェ

彩り豊かでヘルシー&ダイエット感覚いっぱいのデリを、カジュアルでおしゃれな雰囲気のお店で買ったり、快適なオープンカフェでいただきながらスマートに過ごす……。こんなファッショナブルで都会的な食事スタイルを提案することで、いまや爆発的人気を誇る存在となったのがデリカフェです。

メインターゲットは若い女性。そのためポーションは小さめに、メニュー構成はサラダやサンドイッチ、小さめのおにぎり、ケーキやデザート類など軽めのものを数多く用意しているのが特徴です。

ショーケースから好きなデリを4種類選べるセット。「デリ&カフェ ウーラン」(P012)

定番メニュー menu

- サラダ、ラタトゥイユ
- サンドイッチ、ハンバーガー、
- ベーグルなどパン類
- スープ
- パスタ、ドリア
- ケーキ、マフィン
- デザート

お馴染みの味が手軽に楽しめる
地域密着型

いつものご飯に1品足りないとき、忙しくて夕飯の用意が間に合わないとき、1人暮らしでなかなか料理をつくる機会がないとき……いろんな人々が気軽に立ち寄って、それぞれ好みの食事を持ち帰れるのが、街の総菜屋さん。オフィス街でカフェや定食屋のランチに飽きたり、お店が混んで入れないときに頼りになるのもこのタイプのお店です。

和洋中にこだわらず、季節感や栄養を考えたメニュー、リーズナブルな価格設定が特徴。地域や高齢者宅へのデリバリーサービスをはじめるお店も増えてきています。

新鮮野菜たっぷりの総菜は彩り豊か。買い物を楽しくさせてくれる。「808＋」(P042)

定番メニュー menu

- お弁当
- サラダ、おひたし
- 肉じゃがや筑前煮など煮物
- きんぴらや酢の物など総菜類
- 鶏の唐揚げ、コロッケ
- 煮魚、焼き魚
- おにぎり

世界で親しまれるご当地メニュー

外国の味

中華料理店やインドカレー屋に付属するテイクアウトコーナーでの点心や麺類、カレーの販売はすでに定番となっていますが、最近ではイートインなしのお持ち帰り専門店や、オフィス街でランチタイムにのみオープンする移動販売でも、エスニック系のデリ＆お弁当屋さんを見かけるようになりました。

インドのカレーやタイ、ベトナム料理、アラブやトルコのカバブ、ハワイのロコモコなど、世界中の味を受け入れてきた日本人にとって、外国の味ももはや定番といえるかもしれません。

知る人ぞ知る、ヘルシーなファラフェルをピタでサンド。「Falafel Garden」（P066）

定番メニュー *menu*

- イタリアン
- ・ピザ、ラザニア
- ・パスタ、魚介類のマリネ
- アジア料理
- ・ビビンバ
- ・生春巻き
- ・チヂミ

バラエティに富んだ本格派も登場！

移動屋台

昨今すっかり有名になった「ネオ屋台」に代表される、軽トラックやワゴン車を店舗に仕立てて街中の広場やオフィス街に現れ、お弁当や総菜を販売する営業スタイルです。

　メニューの数や種類は少なめとなり、規模もミニマムですが、店舗をもたないぶん初期投資を低く抑えることができ、自分の好きなエリアで販売できるのが魅力。

青空の下で食べるロコモコは格別の味わい。ボリュームも満点。「Yummy-E」（P048）

最近はおにぎり、お弁当、パン、コロッケなど定番商品に加え、本格的なオムライスやイタリアンほか各国のエスニック料理を供する屋台も続々と登場しています。

定番メニュー *menu*

- お弁当、丼物
- おにぎり
- パン、ハンバーガー
- コロッケ、たこ焼き
- カレー、オムライス
- フライドチキン

学校、お店で修業、そして独学。どの道で「料理人」になる？

自分がつくったものを食べて幸せな気分になってほしい！食べ物屋さんをめざす誰もが、きっとこう考えているはず。オーナーシェフになるには、まず調理技術の取得が不可欠だ。一人前の料理人になる道を考えてみよう。

3つの大きな道から自分に合った方法を探す

おふくろの味をうたうお店でも、その料理が「売り物」としてのレベルに達していなければ誰も買ってはくれません。オーナーシェフをめざすなら「食べ物のプロ」としての勉強・訓練はしっかりやりたいもの。

●専門学校で学ぶ

専門学校は教育の場ですから、器具の名前や使い方から、食材の性質・調理技術・栄養・歴史・衛生学まで食の世界をひと通り学べ、実技実習面も充実しています。パンなどは高度な技術も多くあり、天然酵母を使ったお店にする場合はしっかりとした指導を受けると安心です。

その反面、実社会の現場に不可欠なノウハウや、経営や販売について学ぶのは難しいのが実情です。

●お店に勤めて修業

実際にお客さまを前にすると、いかにおいしく食べてもらって、気持ちよくお金を払ってもらうかに心をくだきます。調理技術のみならず、商品構成や予算、接客まで「経営の現場」に立ち会えるのが強みです。

その代わり経営者や先輩の懇切丁寧な指導などはなく、料理も接客もいわゆる「習うより慣れろ」「見て盗め」が常識。入店先は自分がイメージするお店に近いコンセプトや料理をもつところを選びましょう。

●独学

肉じゃがやカボチャの煮物などは調理に自信をもつ人も多いはず。とくに「おふくろの味」がコンセプトなら、独自の工夫や経験を生かしてやっていけると思いがちです。

しかし、独学ははたで見る以上に厳しい道。経営するには立地や経費、商品構成など多面的な知識や経験が必要。おいしいものを出すだけでは成り立ちません。強い精神力と徹底したプロ意識が不可欠です。

■独学の難しさ
器用で研究熱心、センスもあり、プロ顔負けのお菓子や料理を開発して近所に配ったり、インターネットショップで販売している人は多いが、実際にお店をもつと8割以上の人が続けられないという。
プロの商売として採算を取るための商品数や価格、材料の管理が、趣味の延長ではすまないシビアなものであることがうかがえる。

腕を上げたね！
ありがとうございます

「料理人」になる3つの方法　その強み&弱み

専門学校……………調理の基礎をしっかり学ぶ

〈強み〉Strong point

・道具の使い方から食材の性質まで、基礎的な学習ができる
・丁寧な実技指導を受けられる
・栄養や歴史、衛生など食に関する幅広い知識や教養を得られる
・同期の友人とのネットワークができる

〈弱み〉Weak point

・現実の調理場で起こっていることは知り得ない
・「教えてもらう」という受け身の姿勢になりがち
・師事した先生のやり方に影響を受ける
・予算や経営について学びづらい
・学費がかかる

ココがポイント!

◎たくさん食べ歩いて「料理人の目」で現実のお店をよく見よう!
◎新聞・雑誌やインターネットで業界の動きに目を配ろう!

お店で修業…………やる気があれば即戦力に!

〈強み〉Strong point

・現実の調理現場ならではのノウハウを学べる
・商品構成や原価計算、接客など、調理技術以外の「店舗経営」を間近に見ることができる
・業界全体の流れを肌で感じられる
・お客さまのダイレクトな反応を見る機会がある

〈弱み〉Weak point

・技術的指導はあまりなく「見て盗め」が常識
・入店先を選ばないと、イメージする自分のお店とかけ離れた店舗やメニュー、接客しか経験できない可能性がある
・独立時には近隣で開店できない場合がある
・規模が大きく忙しいお店では、単純で部分的な仕事のみに終始するはめになることも

ココがポイント!

◎入店先はしっかりと見極めよう!
◎つねに「自分で考え、自分で学び取る」姿勢で仕事をしよう!

独学…………自分の得意分野を伸ばそう

〈強み〉Strong point

・やりたい勉強や調理技術の訓練を納得いくまでできる
・自分のペースを守れる
・授業料などがかからない

〈弱み〉Weak point

・技術・経営面ともに、基礎的な部分が抜け落ちる可能性がある
・業界ならではの常識や流れ、ノウハウを知ることがむずかしい
・思い込みや独善主義に陥りやすい

ココがポイント!

◎身近な人からのアドバイスや試食会などで、周囲の意見をよく聞こう!
◎立地や採算、商品構成など、「経営の視点」を身につけよう!

シェフとの協働体制で自分は経営に徹する方法も

食べ物屋さんはやりたいけれど、調理は自分には無理……そんな人でも夢を捨てることはない。一緒にお店をつくっていける調理の担当者を見つければいい。

厨房はシェフに任せ、経営や接客、キャンペーンなどの企画、人事など調理以外の分野を担うことで、1人ですべてを背負うより時間的・精神的余裕も得られ、よりよい経営状態にもっていくこともできるだろう。従業員として雇用し給料を払ってもよいし、コンセプト決定・立ち上げから経営全般まで責任をともにする共同経営もある。

大切なのはお店づくりの思いを共有すること。日ごろからミーティングや情報交換、試食会を頻繁に行って、互いの考えや新しいアイデアを伝え合うことだ。一緒にあちこちに食べに行くなど経営者が率先して楽しく「食の経験」を共有しているお店もある。

デリ＆お弁当の“本日のおススメ　豆知識”part1

オリジナルメニューはこうして完成した

おいしくて手軽な総菜は、それだけでも毎日利用したくなる。
しかし、多くのお客さまに来てもらうためには、
定番メニューばかりではなく、「このお店ならコレ！」という
個性的なオリジナルメニューを用意することも大切なのだ。

ル・ペイザン・ベジデリ

健康と安全をフレンチで表現した「精進フレンチ料理」

自分の子どもがアトピーだったことから、アレルギーの人でも安心して食べられるよう、野菜だけを使ったフレンチを提案。契約農家から仕入れた季節のオーガニック野菜だけを使用し、肉や魚はもちろん、陰陽五行説で悪いとされるニンニクやニラなども使っていません。

また、彩りや盛りつけなどにもこだわっているのは、フランス料理だからということもありますが、子どもをもつ親たちに、もっと食への意識を高めてもらいたいという考えからです。見た目の美しさをきっかけに、体にいい食とは何かをもっと考えてほしい、という思いが込められているのです。

右から「季節野菜のテリーヌ」(250円)「大豆パテのテリーヌ」(150円)「巻き湯葉のテリーヌ」(200円)。ヘルシーで見た目も美しい。

みどりえ

自ら痛感した食の大切さをメニューを通して伝えていく

店頭に並ぶのは、オーナーが厳選した、農薬や化学薬品を使わない、有機野菜が中心の総菜。必要以上の味つけをせず、素材がもつ本来の旨味を引き出すように調理されたものばかりです。こうした品ぞろえは、広告代理店に勤めていたころ、忙しさによる食生活の乱れから体調を崩した萬さんが、健康を維持するためには野菜中心の食事が大切だということを痛感したためでした。

健康のため、そして「多くの人にオーガニックの良さを知ってもらいたい」という、自らの経験から生まれた切実な思いが、メニューにも生かされているのです。

一番人気の「みどりえ薬膳」(1,000円)。日替わりのメインディッシュに副菜3品、デザートなどがついたランチメニュー。

HAPPY DELI

毎日でも利用できる安くて手軽なデリを提供

フレンチレストランやイタリアンモダンのペンションで働いてきた高橋さんですが、お店ではアメリカの食卓で見られるような手軽なメニューが並んでいます。これは、観光客向けのお店が多い鎌倉で、地元の人に気軽に利用してもらいたいという思いがあったため。

野菜やキノコの風味を生かしたサラダ類、シチューやチリソース、チキンやサーモンのグリルなど、パンにもご飯にも合うメニューが味わえます。イートインの場合は、好きなデリを2~3種類とご飯をプレートにのせて提供。おいしそうな彩りもあって、子どもたちにも人気を呼んでいます。

ご飯とデリ2種類400円と3種類600円の2サイズ。「イタリアンパスタサラダ」「タコミート」。

Open Oven

食べる人のことを考えた 天然酵母&国産小麦のパン

天然酵母で焼き上げたパンは、酸味が強く、また生地も少し固めです。しかし、本多さんは、たとえばライ麦なら酸味の少ない品種を使用したり、水分量を調節してやわらかさを出したりと、馴染みの薄い人にもおいしく食べてもらおうと毎日努力を続けています。

また、子どもたちにも安心して食べてもらいたいと、パンには卵やバターなどの乳製品は使用していません。

すべてのメニューに、「おいしくて安全なものを提供したい」という、お客さまに対する思いやりが込められているのです。

1日15本限定の食パン（315円）。しっとりやわらかな仕上がりで、すぐに売り切れてしまう人気商品。

biji

お得で人気があるデリの3点盛り(1,160円)。手前から「温野菜のピーナッツソース」「青パパイヤと人参のソムタム」「海老の生春巻」。

体によくて食べ飽きない 野菜たっぷりのエスニック料理

かつてエスニック料理店で働いていたことがある東さんと近松さん。エスニックは毎日食べても飽きず、野菜が豊富で体にもいいことから、お店と料理の方向性は何となく決まっていました。

しかし、いざメニューを考えるとなると、なかなかイメージが湧きません。そこで、2人でベトナム旅行に行き、本場の味をたっぷりと堪能。頭も体もリフレッシュして、イメージをつかむことができました。最初のイメージ通り野菜をふんだんに使った、ヘルシーなエスニック料理が完成。油をほとんど使わず、玄米やハーブを使ったりと、健康的な料理や調理法を提案しています。

Falafel Garden

ベジタリアンにも愛される ヘルシーなファストフード

世界中のベジタリアンから愛されているイスラエルのファラフェルは、動物性の材料を使わないヘルシーな食べ物。京都に出店したのは、伝統的な料理であるからこそ、歴史ある京都の街にきっと合うはずだ、というアミールさんの考えからです。

ほとんどが植物性のオーガニック素材のみを使用していますが、肉が食べたい人のためには、チキンなどを使ったメニューも用意されています。

サイズはS、M、Lの3種類があり、選択できるようになっています。そのため、ヘルシーフードとはいえ、物足りなさを感じることはありません。

中近東で食べられているファラフェルボールと新鮮な有機野菜を挟んだ「ファラフェルサンド」。美容や健康にもいい料理だ。

おにぎり田田

メニューはおよそ20種類。写真は好きなおにぎり（何個でも）にプラス210円で総菜、だし巻き玉子、ぬか漬け、甘味がついた「おに小箱」。

こだわりのお米と具材で 家庭的な味わいに

老舗のおにぎり屋さんとの出会いから、自分も同じようなお店を開こうと決意した、オーナーの江倉さん。長野県木島平産コシヒカリを仕入れるとともに炊飯方法にもこだわりが。

お米を炊く羽釜は、鍋底が丸く熱が均等に伝わり、対流も起こりやすいため、ご飯がふっくらつやつやの仕上がりになります。ただ、火加減、水加減などの調整が難しく、炊き上がりに納得できるまで4カ月間を要したとのこと。

炊き上がったお米に合わせるのは、釧路産の鮭や紀州南高梅などこだわりの具材。どれもお米の味を引き立てる、素朴で家庭的な味わいになっています。

技術、知識、センス……
得意分野でお店の個性をつくろう

中食文化が定着し、昨今のデリ&お総菜人気はゆるぎない。全国展開のチェーン店には行列もできるほどの状況下で、コンパクトな個人店の勝負どころは「オリジナリティ」。個性的かつ多くの人に愛されるお店はどうつくる？

奇をてらうだけではダメ！十分に考えて個性を演出

職場でのランチや夕飯に添えたり、記念日のちょっとしたぜいたくにと、デリは日常生活にすっかり定着。全国区のチェーン店や有名レストランのテイクアウト部門も増え、競合ひしめくデリ業界にあって、個人店の勝負どころはやはり個性です。

しかし、ここで気をつけたいのは、ただ奇をてらうばかりでは成功しないという事実でしょう。食は毎日の暮らしに欠かせない、もっとも大切で身近なもの。食べ物に対して人は基本的には保守傾向にあります。

また、人々は舌も肥え、おいしいものを楽しみつつもただ珍しいだけ、おしゃれなだけ、安いだけでは通用しなくなっています。

技か知識か、それともセンス？自分の得技でアピールしよう

しかし、小さなお店でも、大規模店や有名な老舗とは違った自分だけの魅力を発信するための方法はいくつもあります。

料理人としての高い技術や知識があれば、それだけで大きな財産です。「気軽に買える本格的なフレンチデリや和食総菜のお店」と聞けば、誰もが一度は行きたくなるはず。

また、適度な珍しさをウリにするのも差別化のセオリーです。たとえば外国文化をともなうソフトなエスニック料理はつねに人気です。オリジナルの味わいを残しつつアレンジを加えて、多くの人が食べやすいメニューに仕立てるのがミソでしょう。

またロハスやデトックスのように時代性とファッション性を併せもつ新しい流れに注目し、徹底的なこだわりを前面に出すのも、今風に個性を表現する手段です。ただし、安易に流行に乗るだけではたちまち飽きられるのは必至。強い気持ちとセンスが求められるやり方ともいえます。

■ロハス、デトックス

ロハス（LOHAS）とは、「ライフスタイルズ・オブ・ヘルス・アンド・サスティナビリティ（Lifestyles Of Health And Sustainability）」の頭文字をとった略語で、健康を重視しつつ持続可能な社会生活を心がけるライフスタイルのこと。

デトックスは、体内の毒素を抜くこと、つまり体内浄化を意味する言葉。新陳代謝を活発にし、美肌・老化予防や、血液・リンパの流れを改善し、肩こりや生活習慣病の予防の効果があるといわれている。

個性的なお店づくりのポイント

①技術・知識

料理人としての技術・経験を活用し、レシピや味つけ、盛りつけまですべて本格的に、かつデリらしいリーズナブルな価格設定をする

例：「おかず以上」の和食総菜／カジュアル感覚のフレンチ

調理技術以外の食に関する知識や経験を発揮し、プロならではのワンランク上の商品を提供する

例：栄養士の視点から見たヘルシーメニューのお店

②こだわりをアピール

海外での生活経験もしくは外国の食文化を紹介する

例：中東やアフリカなど、アジアや欧州と比べて希少な料理のお店

素材や調理方法に高い付加価値をつけて差別化を図る

例：契約農家の有機無農薬野菜のみを使う／つくり置きせず、注文後にその場で調理する「スクラッチ」重視のお店

③ライフスタイルの提案

最先端の食の価値観を手軽なかたちで提供する

例：スローフードを基本とするメニュー構成

新しい「おしゃれ・快適スタイル」のニーズに応える

例：イートインを充実させ、NYのデリカフェの雰囲気を味わえる／ペット同伴を可能に

④強烈なメニュー構成

ほかでは見られない看板メニューをつくる

周辺に競合店のない立地で本格的な味を紹介する

ベテランシェフを招き、他店にマネできないメニューをつくる

例：並んでも食べたいと思わせる「この一品」のあるお店／遠くからでも食べに行きたいと思わせる話題性のあるメニュー

「口コミ」を味方につけて個性を広めよう

個性があることは大事だが、食に関して人は基本的に保守傾向であるという点には気をつけたい。10人が10人「いままで食べたことのないもの」に喜んで手を出すことはあり得ないのである。

そこで味方につけたいのが、やはり若い女性層。スターバックスはいうに及ばず、ロハスやオーガニックの一般化やNYスタイルのデリカフェが爆発的な人気となったのも、すべて彼女たちのアンテナにひっかかり「おしゃれ」「気持ちいい」「カッコいい」という情報、つまり「口コミ」にのって広まったからだ。

オフィス街のランチでも、馴染みのないエスニック料理を最初に試すのはまず女性で、男性は「職場で話を聞かされ、つられてやってくる」パターンが多いという。

すべてのお店を女性向きに、というわけではないが、ノーブランドの個人店として、お店をPRする際のポイントの1つとして頭に入れておきたい。

「○○なお店にしたい！」コンセプトはお店づくりの基本

世の中にどれだけデリがあっても、自分のお店はもちろん1つ。埋もれることなく自信をもって経営していくためには、お店のあり方や雰囲気、めざす未来像までを託していく根本的な考え方＝強いコンセプトこそが欠かせない。

迷ったときに初心に戻る！コンセプトは自分自身の根源

コンセプトとは、お店づくりの土台を根本から支える発想であり、考え方の中核です。といっても難しく考えなくて大丈夫。「こんなデリ&お弁当屋さんにするんだ！」という基本的な気持ちともいえます。

これがしっかりしていれば、目先の流行や周囲の状況にも簡単に惑わされることなく、長期的で広い視野をもって継続的なお店づくりをしていくことができます。

現在の飲食業界で唯一の成長分野として注目される中食市場では、多くの情報が飛び交い、新規参入も激化しています。そんななかで「自分の経営はこれでいいのだろうか」と迷うのは当たり前。コンセプトとは、そんなときに戻っていける「心のよりどころ」と考えればいいのです。

お店を支え続けるものだからシンプルに、そして力強く

たとえば「安心素材を使うお店」「1人暮らしを応援するデリ」など、コンセプトは「ひと言で言えること」と「自分の心から湧き出す思い」とを念頭において決めます。シンプルな強さは、周囲の変化や雑音で簡単に揺らぐことがないからです。

ここをはっきりさせておくことで、あとはこのコンセプトを実現していくために何が必要なのか、自分の好きなやり方はどれか、どうやって周囲にアピールするかといった、具体的なお店づくりに向けて頭に浮かんでくる多くの要素を、肉付けしていくことができます。

開店後も店舗のデザインや雰囲気、接客に至るまでコンセプトは大きな影響を与えます。揺らげばお店自体の一貫性のなさにつながり、お客さまが離れる原因になることも。

シンプルに、でもしっかり考えて自分自身のものにしていくことが、何よりも大切です。

■デザインからのコンセプト
店舗デザインやインテリア、食器からコンセプトを引き出すやり方もある。
たとえば「好きなテーブルとイスを置いた店内の雰囲気をゆっくり楽しめるデリカフェ」や「素焼きの大皿に盛り上げた和風総菜がずらりと並ぶお店」など。
コンセプトづくりに行き詰まったら、未来のお店の姿をよりビジュアル的に想像すると、新たなアイデアが湧いてくるかも。

第2章

コンセプトづくりの4つのステップ

STEP 1

情熱・思い入れの「根源」を見つける

自分自身の内側から湧き出てくる思いは何かを、まず見つめよう。無理に理由を探さず、単純に「こうしたい！」という気持ちのおおもとを探し出すこと。

たとえば

・安全な食の提案をしたい
・本当においしいものを知ってもらいたい
・食を通して情報発信したい
・子どもやお年寄りに安全で健康的な食事をさせたい

STEP 2

なぜ「デリ＆お弁当屋さん」なのか

思いを実現する手段として、デリ＆お弁当屋さんを開くことを選んだ理由をはっきりさせる。世の中には経営以外にも夢をかなえる方法はある、なぜショップオーナーなのかをつき詰めよう。

たとえば

・自分の技術、知識、人脈を生かせる
・夫婦でできる仕事だから
・地域の人が集まる場をつくりたくて
・移動屋台でもできるお店だから

STEP 3

お店の「雰囲気・イメージ」を描く

実際に自分が働いている様子を想像してみる。「お客さまと賑やかに笑っている」「黙々と理想の味を追求している」「新しいお店の形態を開発して地域で大きな存在になっている」など、目に見えるくらい思い描く。

たとえば

・近くに住む主婦、若い女性の集まれるお店
・若い女性が夜遅くでも利用できる
・本格的な料理をリーズナブルな価格で提供
・買い物ついでに楽しく会話できるお店

STEP 4

具体的な「経営スタイル」を考える

地元の人で賑わう、小ぢんまりとした温かい雰囲気の和食総菜のお店、仕事帰りの1人暮らしの女性がゆったりとサラダを味わう、駅近くのおしゃれなデリカフェ……ここまでくれば、店舗デザインやメニュー構成、接客の方針までがおのずと決まってくるはず。

たとえば

・有機野菜を使ったヘルシー総菜のお店
・自家製パン、デリのサンドイッチ専門店
・ハワイ料理にこだわったスタンディング中心のお店
・子どもと一緒に立ち寄れるデリカフェ

創造的な仕事をするコンセプトメーカーとは

起業の世界で、従来にない新しい商品、誰も思いつかなかった新しい業態やシステムのコンセプトを独自に生み出せる人のことを「コンセプトメーカー」と呼ぶ。

当然ながら飲食業界にも、何人もの優秀なコンセプトメーカーがいる。誰もがすぐに思いつくのはやはりスターバックスコーヒーの創業者であるハワード・シュルツ氏だろう。

シアトルのありふれたコーヒー焙煎店を、当時流行の兆しを見せていたエスプレッソコーヒーを主力に、立ち飲み／歩き飲みを考えたフタ付き容器でテイクアウトできる新たな業態に変身させた。これが学生やキャリアウーマンの間で評判になり、全米にシアトルスタイルのコーヒーショップを生み出したのである。

かつて誰も考えつかなかった新しい世界を創出すること。それがコンセプトメーカーの醍醐味だ。

実践的アドバイス part1

お客さまを惹きつける魅力的なお店づくり

総菜のおいしさ、商品自体の魅力をアップさせることは大切だが、お店自体にも魅力がないと、お客さまはなかなか来てくれない。そのためには、お店の雰囲気やイメージ、商品の陳列方法など、総菜以外の部分をおろそかにせず、慎重に考えることが必要だ。

外観、入り口

お客さまがはじめに目にする大切なところ。ここの印象が、集客にかかわってくるので、顧客ターゲットに合わせて慎重に考えていくことが大切だ。

みどりえ
ガラス窓を大きくして、開放感を演出。壁は明るく清潔感のある色にして、女性客にアピール。緑に囲まれたクリーム色の外観は、パッと見は目立つが、嫌らしさを感じさせない。

ル・ペイザン・ベジデリ
野菜をイメージしたカラフルな看板で、お店のコンセプトを表現。スタイリッシュな外観は、見た目の美しい料理を表すようで、訪れる人をわくわくさせる。

厨房

機能性や清潔感はもちろんだが、調理する姿や音、匂いなど、お客さまはさりげなくチェックしているもの。オープンでもクローズドでも、キッチンは抜かりなく設計しよう。

Open Oven
ショーケースの後ろにオープンキッチンをつくることで、接客と調理が効率的にこなせる。また、一方にあるカウンター席では、お客さまは調理場の臨場感を味わうことができる。

みどりえ
半オープンのようなつくりだが、お店の奥に配置することで、客席との距離感を保っている。一方をショーケースとレジカウンターで仕切ることで、調理も接客も効率的に。

売り場、雰囲気

味だけでなく、陳列方法や店内の雰囲気も売り上げに影響する。コンセプトやメニューに合わせて、料理がもっともおいしく見える並べ方や演出を考えてみよう。

ル・ペイザン・ベジデリ
モノトーンで統一された店内は、カジュアルフレンチレストランの雰囲気たっぷり。ジュエリーショップのようなショーケースで、美しいメニューがいっそう映える。

808+
お客さまが見て回りやすい動線を考え、レジやショーケースを配置。その日の総菜に使った野菜を総菜コーナーの近くに並べて、興味を促している。

イートイン

レストランと違い、ランチやセットメニューだけでなく、総菜1品からでも食べられるような雰囲気をつくることも大切。ある程度余裕のある座席スペースを確保したい。

Falafel Garden
町家の特性を生かし、店内奥のスペースに中庭と客席を設置。入り口近くにはバーカウンターがあり、お客さまとの大切なコミュニケーションの場になっている。

HAPPY DELI
カウンター席を大きな窓の前に設置することで、明るく開放的な空間に。店頭のスペースを利用してテラス席を用意。ビーチエリアのショップらしい雰囲気が漂う。

Deli&Lunch Style

実践的アドバイス part2

お店づくり、たとえばこんな売り場

お店のコンセプトが決まったら、店内のレイアウトを具体的に考えてみよう。
スムーズに流れる動線、食欲をそそる陳列方法など、
お客さまを惹きつけるポイントはたくさんある。
具体的にイメージすることで、必要な作業や設備が見えてくるはずだ。

レジカウンター

キッチンと売り場の間に設置するとよい。カウンターは売り場全体が見渡せるような高さ・形にする。レジ脇には、お店で使用している素材や調味料などを置き、メニューやお店の魅力を別角度からアピールする。

パック済み総菜コーナー

和洋中など、メニューによって容器の色柄を変える。サラダ系は全面透明の容器にパックするのが一般的。ここで店内の奥へと誘導させる流れをつくる。

パック済み総菜の陳列・容器のポイント

平台型のショーケースは、商品が低い位置に並べられるので、たくさんの種類を一度に見比べることができる。棚型のショーケースは、高さがあるぶん空間を有効に活用でき、棚ごとに分けられるため、1つひとつきれいに見せることができる。

容器は、できるだけ同じ形のものを使って効率的に並べられるように。サイズは大中小と分量の違うものを用意し、お腹のすき具合によって選べるようにする。

平台のケースに所狭しと並べられた総菜は、カラフルな野菜たちにも負けないほど賑やかで選ぶのも楽しい。

POINT

陳列は、商品の温度や種類、食べるシーンなどに分類して陳列。組み合わせなど、食べ方を提案するような見せ方も◎。少ない人数でもこなせるような効率的なレイアウトを心がけよう。

中央のテーブル

入り口から入ってまず目につく場所やお店の中央に、テーブルなどの陳列台を用意。お勧めや季節の総菜、日替わり、限定などのメニューを並べて、お客さまの購買意欲をかきたてよう。

湯せん器

みそ汁やカレー、ミートソースなど、スープ系のメニューを保温しておくために必要。とくにセルフサービスの場合は、フタや覆いなどで、安全性に配慮することが大切。

量り売りコーナー

冷蔵ものはクローズド型、揚げ物などは、湿気でサクサク感が失われないようオープン型のケースに。メニューによって平皿、深皿などを使い分ける。トングや秤などは、随時取り替えるなどして清潔感を保つ。

量り売り総菜の陳列・容器のポイント

セルフサービスなだけに、見た目と清潔感はかなり重要。トングは総菜の上に置きっぱなしにならないよう受け皿などを用意すること。

そのほかにも魚や焼き鳥は方向をそろえて並べる。揚げ物は器に網やスノコなどを引いて湿気ないように配慮を。煮物は深皿に盛りつけ、汁がこぼれないようにする。味が混じらないように、トングはそれぞれ専用のものを用意しよう。

容器パックは煮物用の底が深いもの、サラダ用の透明なものなど、メニューに合わせて何種類か用意する。家庭で温められるように、電子レンジで使える容器にすることも大切だ。

イートイン・コーナー

窓際の明るい場所に確保。売り場の邪魔にならないよう、ファストフード店のような軽めの家具で。スペースがなければ、スツールやベンチだけ置いてもいい。

独立の重圧に負けないために！「理想」と「目標」を明確にしよう

メニュー構成、調理、接客、経理などあらゆる要素がのしかかり、業種に関わらず、ショップオーナーの道は楽ではない。前の職場では有能で鳴らした人も、疲労やストレスは予想以上。そんなときに支えとなるのは、夢を見失わないモチベーションの高さだ。

独力では難しいことも多い 開業のつらさを乗り切ろう

共同経営の場合を除けば、何でも1人でこなさなければいけないのがショップオーナー。雇われるのでなく自分が先頭となってお店をつくるのですから、誰もが「思った以上に大変」と口をそろえます。

たとえば同じ飲食店でも、料理人として厨房に立っていた人に、開業のための融資やお金の流れについて十分な知識があるでしょうか。反対に接客や流通のプロとして長年活躍してきた人が突然包丁を握っても、オリジナルメニューはおろか、売り物になる商品をつくることすら当初は難しいでしょう。

しかも多くの場合、オープン前後は忙しいばかりで収入も少なくなるため、ストレスや疲労が重なり心身ともに苦しくなります。

自分を励まし 理解者を得るためには……

そんなときに支えとなってくれるのはやはり「夢と目標」。なぜ独立したのか、夢見た未来の自分の姿が勇気をくれるのです。「サラリーマン時代より自由でお金持ちになる」といったあいまいなものでなく、ある程度は具体的に思い描けるくらいの自覚が大切です。

「会社員として仕事の一部を担うより、規模は小さくても事業の全体をとらえて仕事をしたい」「安全と健康とに貢献する、本当においしい食べ物を世の中に提供したい」「蓄積してきた知識と経験、自分のバイタリティを信じて、いずれは全国チェーン展開してみたい」など、めざす方向は人それぞれでしょう。

理想を忘れず、それに向かう姿勢は自分自身を奮い立たせるだけでなく、家族や友人、スタッフや仕入れ先といった仕事仲間まで、周囲の理解者・人脈の協力を引き寄せて支えてくれる大きな力となってくれます。

■融資に見る理想と現実

公庫融資利用の際に提出する書類に、考え抜いた資金計画や未来のビジョンを完璧に書き上げたのに、実際に公庫担当者が見たのは「いざというときに肩代わりしてくれる保証人の有無」だけだったという笑えない話がある。

お金の貸し借りでは、程度の差こそあれ、こんな側面があることは否めない。気持ちの熱さは少し休ませ、冷静になって自分にとって必要な、最もよい融資を獲得するためのプレゼンテーションを考えよう。

「理想と目標」3つのパターンを見てみよう

苦しいとき、周囲の理解と励ましがほしいとき、なぜ自分がこの道を選んだかを思い出そう。
以下の3つのパターン以外にも、必ず自分の理想と目標があるはず。

理想と目標1　世の中に貢献派

自分なりのやり方で、周囲や社会を食の面からよくしたい

たとえばこんなお店

- 添加物なし・オール手づくりで本当に安心できる総菜を提供したい
- 真面目な有機栽培農家と契約し、生産者と消費者を結びつけるお店になりたい
- 1人暮らしの高齢者や働くお母さんを応援するお総菜屋さんをつくりたい

理想と目標2　一国一城の主派

誰かの下で働くよりも、すべてを自分で決めて

たとえばこんなお店

- メニュー構成・仕入れ・調理・商品陳列まですべて自分で考え、自分にしかできないお店をつくりたい
- 長年温めてきたオリジナルレシピを、多くの人に食べてもらいたい
- 食材生産者から料理人、店舗デザイナーまで、価値観をともにする仲間と共同で理想のデリをつくりたい

理想と目標3　実業家として成功派

業界の一角を担う実業家として活躍したい

たとえばこんな経営

- ショップのブランド化を成功させ、いずれは多店舗展開を図りたい
- 資本を蓄積して、過去に例のない夢の新業態を実現したい
- 独自の経営哲学を実践してみたい

著名起業家の語録に見る壮大な目標

「ハンバーガーで日本人を金髪に改造する」（日本マクドナルドの創業者・藤田田氏）。一見荒唐無稽だが、その裏には食生活の欧米化で日本人の体格を向上させ、国際競争力を高めたいという藤田氏の思いがあったという。

金髪にこそならなかったが、マクドナルドの登場以降、日本の食生活の欧米化が飛躍的に進んだのは周知のことだ。

「日本再建、文化向上に対する技術面、生産面よりの活発なる活動」（ソニー創業者・井深大氏の会社設立趣意書に記載された目標の1つ）。この壮大なビジョンが「世界のソニー」をつくりあげたことがよくわかる。

また、オリジン弁当創業者の安澤英雄氏は、冷凍総菜全盛期の創業にあたり「家庭の台所の代わりになる外食を」といい続けた。

ときに傲慢にも聞こえるこれらの言葉のなかにある、何者にも侵されることのない高い志を見習いたいものである。

温もりのある「接客」「宅配」で、より利用しやすいお店をめざす

毎日の食事を支える重要な存在となったデリ&お弁当。当然、それらを扱うお店への期待も高まっている。売り手と買い手の会話がはずむ昔ながらの対面販売や、高齢社会を支えるケータリングが求められている。

温かな対面販売と接客がお店の個性と差別化に

デリやお弁当は、普段の食事を支えるものとして大きな存在感をもちつつあります。週に何度も利用する家庭も珍しくなく、近隣の人が足繁く通う地域密着型のお店もあります。

若い主婦は自分でつくるときの参考にレシピを聞いたり、高齢者はお店のスタッフとのちょっとした会話を楽しみにやってくる人も多いのです。昔、八百屋さんや魚屋さんでその日のお勧めや調理の仕方をネタにおしゃべりしていたように、現代のデリ&お弁当屋さんには消費者の立場になった人間味のある販売が期待されています。

ですから、愛されるお店となるためには、つくった商品を販売するだけでなく、「いかにお客さまに接するか」「お客さまがほしいものをほしい時間に提供すること」が重要になることは明らかでしょう。

今後求められる宅配事業はコストを抑える工夫がカギ

ケータリングや宅配事業も、今後のデリ&お弁当屋さんに求められる大きな機能として挙げられます。

現在でもピザやパーティメニューの宅配を行うお店はありますが、どちらも「ちょっと特別な日のご馳走」という位置づけ。価格も当然高めに設定されています。

しかし、買い物に出るのが負担になった高齢者や小さい子どもを抱えて外出しづらいお母さんにとっては、普段のデリやお弁当こそ宅配してもらいたいはず。マーケティング調査でも「総菜の宅配があればよい」という声がありながら実際に実施しているお店は少なく、今後期待できる事業分野といえます。

最大の問題は価格設定。配送にかかる人件費や配送費の上乗せによる割高感をどう解決するかがポイントとなってくるでしょう。

■コンビニも宅配参入

商店街がさびれ、郊外型スーパーが隆盛を極めるなか、足がない高齢者の食生活を支えているのはじつはコンビニ。総菜はもちろん、生鮮品なども多く置くお店が増えている。重い商品の袋をお客さま宅まで一緒に持っていったり、お米を宅配するコンビニも登場。

地域密着でお店をつくるとはどういうことか、考えさせられる例である。

これからは、こんなお店が有望！

清潔な店舗に、おいしくて安全な商品があるのは当たり前。
これからのデリに期待されるのは温かい接客とフットワークだ！

対面販売

あったか＆親切で
気持ちよく買い物を

　来店時の「いらっしゃいませ」のほかに、「今日は○○がお勧めです」など、メニュー選びの邪魔にならない程度に声をかける。お客さまの質問を受けたときには親身になって応対すること。

ポイント

- スタッフ全員に接客態度を徹底し、商品知識も共有しておく。
- 静かに選びたいお客さまもいるので、よく見極めて声をかける。
- 商品と直接関係のない話をされてもきちんと応対する。「あのお店の人は感じがいい」という印象をもってもらうことがお店のイメージアップに。

宅配／ケータリング

いつでも来てくれる
頼もしい存在

　お店までの移動が困難な高齢者や、小さな子どもの世話で外出がしづらい主婦らを考慮し、なるべく時間や回数を限定しないフレキシブルな宅配サービスの提供をめざす。

ポイント

- 人件費や配送用バイク、車の燃料代などのコストを計算し、仕組みを工夫する。燃料費のかからない自転車による宅配なども考えてみる。
- 近くの家庭なら料理1品からのオーダーにも対応する姿勢が大切。
- 来店が難しい、高齢のお客さまには、メニューやポーションサイズ、味つけなども考慮が必要。

宅配の難しさを他社とのコラボで実現した例も

　お店のメニューを安めの価格設定にできても、宅配をするとなれば人件費や輸送費が余分にかかり、それを上乗せすることで値ごろ感は失われてしまう。

　それに宅配を希望する顧客層は、外出困難者も含む高齢世代が多数を占め、年金生活者として食費を切り詰めている人も少なくない。宅配を利用したくても、金額が高くて手が届かないという声が実際に多く聞かれている。

　それでも今後、宅配サービス市場が広がるのは間違いない。某有機食材の宅配会社が地域の牛乳店と提携し、牛乳の配送に合わせて注文取りと商品配送を行うシステムをつくり上げた例もある。

　工夫次第で新たな販路開拓、さらには社会貢献にもつながっていく。宅配事業は今後のデリの大きな使命の1つかもしれない。

お客さまとの距離を縮めて、大手に負けない工夫を！

規模も小さくネームバリューもない、商品数もスタッフも少ない……。
そんな小さなお店でも、大手チェーン店にはない魅力がたくさんある。
工夫やアイデア次第でお店のファンを獲得していったオーナーも数多い。
成功のカギは、いかにお店の良さをわかってもらうかなのだ。

小規模店ならではの工夫やアイデアで勝負しよう

不振が続く食市場にあって、安定した成長が続くテイクアウト分野は、じつは注目＆人気の的。大手の店舗拡大が続き、外食・レストラン業界やコンビニエンスストアは総力を挙げて新規参入を図っています。

そんな「戦場」で個人店が生き残っていくためには、当然ながらさまざまな経営努力が必要。でも、難しく考える必要はありません。大規模店ではしにくい、小規模店ならではの工夫やアイデアで、きらりと光る魅力的なお店をつくればいいのです。

お客さまに調理工程が見えること

いまや常識ともいえますが、大きな製造工場をもって多店舗展開する大手では、保存料をはじめ、多くの添加物や輸入物の半加工品を素材として使うことは半ば避けられません。

そこで店舗内に厨房を設け、売り場からでも様子がわかるようなつくりにしてみるのも手です。それとともに注文を受けてからつくるフルスクラッチやツーオーダー、添加物不使用などの調理法をアピールすれば、安心・安全な商品を提供するお店だと知ってもらうことができます。

地域に根ざしたメニュー構成

立地を徹底的に考えて、思い切ったお店づくりをするのも1つの手です。

若い独身女性、高齢者、健康に留意する富裕層など、顧客ターゲットを絞り込んでのメニュー構成やポーションサイズにしたり、店舗デザインに思い切って個性を表現したりすることで、リピーターを集められる可能性があります。

こまやかなサービスで差をつける

チェーン店のようにマニュアル化されていない、お客さまの顔を覚えるほどのこまやかな接客は小規模店だからこそできるサービス。週に何度も通ってくれる地元ファンを獲得することにもつながるでしょう。

密なコミュニケーションをとることで、どんな商品が好まれ、求められているかといったマーケティングも、お客さまの直接の声をもとにおのずとできてきます。

インターネットを有効に活用

契約生産者からの産直、有機無農薬野菜のみを使用、アレルギー除去食を扱っている……こんな素材面でのお店のウリは、なかなかお客さまには伝わらないもの。こんなときこそインターネットの出番です。

ホームページで詳細な情報を発信することで、住宅地にひっそり建つ小さなお店でも、遠方からわざわざ来てくれるお客さまもたくさんいます。週替わり、日替わりメニューの紹介などを頻繁に更新すれば、お店の活気も知らせることができるでしょう。

メニューや食材の紹介はもちろん、オーナーのブログや料理のレシピも公開。内容盛りだくさんのホームページだ。「みどりえ」（P 024）

第3章

食材の仕入れ方、物件探しetc.

お客さまを呼ぶための準備を忘れずに

食材の良し悪しはもちろん
立地や物件なども
お店の成否のカギを握っています。
交渉や折衝、環境調査など
慣れない作業も発生しますが、
理想のお店に近づくためにも
決しておろそかにしてはいけません。

新鮮で上質な食材を集めるには？最適な仕入れルートを考えよう

買ってから食べるまでに時間が空くことも多いデリやお弁当は、食材の新鮮さと安全性が命！　卸売市場や生産農家、小売店など、さまざまあるなかから、どのルートから仕入れればいいのだろう。それぞれのメリットを知って、上質な食材を効率よく手に入れよう！

安定して食材をそろえられる仕入れ先を見つけよう

新鮮で安全な食材を、つねにほしい分量だけ仕入れるには、どこでどんな食材がそろうのかを知っておく必要があります。一般に仕入れ先には次の3つがあります。

全国各地から食材が集まってくる卸売市場では、さまざまな野菜や水産物を見比べながら選ぶことができます。そのときどきの旬の食材を仕入れるには、もっとも適していますが、仕入れのためにセリに参加したり、直接足を運ぶ必要があります。

その点、卸業者と契約しておけばお店に配送してもらうことができます。生産者との間に仲介が入るためコストは高くなりますが、必要なだけ仕入れることができ、食材のロスを減らせるのは大きなメリットです。

もっとも身近な青果店や鮮魚店などの小売店も、急に必要になったり、不足しているものだけを仕入れるなど、その日の売り上げ状況に合わせたこまやかな仕入れが可能です。

顔の見える生産者から仕入れることで安心を売る

オーガニックにこだわるなら、信頼できる生産農家から直接仕入れるのがベストでしょう。生産地に直接足を運んで買い付けるか、直送サービスを利用するといった手段があります。個人が飛び込みで契約を結ぶには熱意をもって交渉することが大切です。

お米はブランド米のほか、玄米や胚芽米など種類豊富で、産地によっても味わいは異なります。生産農家から直接仕入れる方法、またＪＡ（農業協同組合）やお米屋さんを利用するなどの方法があります。

旬の食材を使用すると、同じメニューを安定供給しにくくなります。だからこそ、いくつかの仕入れ先をもち、それぞれが少量でも、安心して食べられるものを提供していく努力も必要になるでしょう。

■最近注目のお米

お米から籾殻のみを取り除いた玄米や、玄米をぬるま湯に浸けて発芽させた発芽玄米などが、香ばしく栄養価が高いことから人気がある。

また玄米から糠（果皮・種皮）を50％取り除いた五分つき米を使うお店も増えている。玄米と白米の中間的な味がし、食べやすいのが特徴。

精米の度合いによって味や栄養価が変わることにも注意を。

第3章

食材のおもな仕入れルート

卸売市場

全国各地の生産農家から選りすぐりの食材が集まってくる。たくさんの青果や水産物を比較検討して仕入れられるうえに、旬の野菜は何かなど、市場の動きに敏感に。

卸業者

日替わりメニューに使う食材など、必要なだけ野菜を仕入れるのに便利。競りで買うよりコストはかかるが、仕入れ数の融通が利き、売れ残りによる在庫ロスを抑えられる。

生産農家

安全性と品質にこだわるなら、生産農家から直接仕入れる方法がある。ただし、有機栽培だからいいとは限らない。実際に生産農家に足を運んで、味や栽培方法などを確認することが大事。

小売店

トマトが数個足りなくなったときなど、少量の仕入れに対応できるのが強み。近くの青果店、鮮魚店の人と仲良くなり、傷みやすい野菜をメニューに組み込むときなどにうまく活用していきたい。

食材の仕入れは天候も大きなポイント

野菜や鮮魚の仕入れは、時期はもちろん、天候や気温によっても左右される。冷夏になれば野菜やお米は不作になり、魚も海の状態によって収穫量は変わってくる。

また、人の味覚も暑い日はさっぱりしたものがほしくなるように、自然環境によって変化。消費者のニーズは、季節だけでなく、日々微妙に変わってくるものであることを知っておこう。

このように、天気や気温の変化をいち早く知ることは、効率的な仕入れや、購買意欲をそそるメニューづくりにも欠かせない。そこで役立つのがインターネット上の気象予報サービス。時間刻みで天気や気温を知ることができ、たとえば屋外でお弁当を販売するときなどには仕入れ量を増減するといった対策ができるので活用するといい。

テイクアウトの方法

テイクアウトは独自性を打ち出してリピーターを獲得しよう！

そのお店ならではの魅力は、おいしさだけに限りません。テイクアウトはできたてでお客さまの食欲をそそるだけでなく、メニュー内容を考えた持ち帰りやすい容器の工夫や、選びやすいメニュー構成などもお店の人気を大きく左右するのです。

つくりたてであると同時にお客さまを待たせないこと

テイクアウトというと、お客さまの目に留まりやすい、廉価なメニューを考えてしまいがち。しかし、いくら人気の素材や味つけでも、どこのお店でも買えるメニューでは、いずれ飽きられてしまうでしょう。

他店と差別化して固定客を獲得するには、「この店にしかない味」を打ち出すこと。そしてお得感を演出することです。

そのためには、まずなるべくできたての味を楽しめることが大事。注文を受けてから調理するツーオーダーを採用すれば、いつでも温かい料理をお客さまに提供することができます。

ただし、いくらつくりたてがいいといっても、何十分も待たせるようでは、お客さまは離れてしまいますし、売り上げもままならないでしょう。5分～10分程度でできるように、仕込みを十分にしておきましょう。

なお、忙しいお昼どきには、ある程度つくり置きのデリやお弁当を用意しておくのも1つの方法です。

持ち帰りやすく選びやすいメニューを！

また、いくらおいしいデリやお弁当でも、容器が大きすぎたり、料理に汁気が多すぎたりすれば、持ち帰るのに不便です。容器は持ちやすく安定感のあるもの。汁気の多いメニューなら、深めの容器を用意するなどの工夫をすることも忘れずに。たくさんのお総菜がウリならば、いくつか選んで詰められる容器があるとよいでしょう。

さらに、メニューの選びやすさも、売り上げアップのポイントです。お弁当は定番と日替わりのものを用意して、常連客を飽きさせないこと。デリは主菜、副菜、サラダなど、お店が用意したメニューで1食分の献立が完成されることなど、全体のバランスを考えて構成しましょう。

■ツーオーダー
オーダーを受けてから調理にとりかかること。できたてを提供できるのが最大の魅力だ。
ただ、いくら味に自信があっても長時間待たせるようではテイクアウトのお店としては失格。食材は加熱直前まで仕込んで置くなど、調理時間を長くても10分程度に抑えよう。

お客さまに選ばれるテイクアウトの工夫

お店独自の味

「このお店でしか食べられない」というメニューをつくる。商品に付加価値を与えることでお得感を演出し、お店の固定客獲得を図ろう。

選びやすさ

メニューは定番と日替わりを用意するなど、バラエティ豊かに。お勧め商品は目立つところに陳列し、お客さまが手に取りやすいように。

持ち帰りやすさ

サンドイッチやおにぎりなど、手軽に食べられるメニューを。また、デリやお弁当を入れる容器も、安定感のある持ち運びやすいものを選ぼう。

できたてのおいしさ

お客さまが注文してからつくるツーオーダー方式なら、いつもできたてを提供できる。待ち時間は、5～10分前後に留めるようにしよう。

ランチタイムの時間管理をしっかりと！

開店前　～11:00

調理スタート。前日仕込んだ食材の味つけなど、最終工程を行う。手間のかかるものや冷やす必要があるものからつくりはじめる。

開店～ランチタイム　11:00～13:00

お弁当類が一番売れるのがランチタイム。一気に来客数が増えるので、商品を切らさないように十分注意しよう。

アイドルタイム　15:00～17:00

お店が落ち着く時間帯は、翌日のメニューの仕込みを。また、夕方からはデリの売れ行きが伸びるので、お昼で不足したぶんを補う。

Point

デリは、品質の管理が大切。ショーケース内に並べておく場合は、野菜が変色していないかなど、こまめに状態をチェックしよう。傷みやすい食材はつくり置きのメニューからはずすなどの工夫も必要だ。

女性客の心をつかむには

ココが大切！

デリのテイクアウトを利用するお客さまは、働く女性や家庭を預かる主婦など、健康に関心の高い人が多い。たとえば野菜を中心としたヘルシーなメニューを取り入れる、数種類のデリを少量ずつ選べるセットを用意するなどして、女性客を上手に取り込もう。

イートインを売り上げアップにつなげ、お客さまに喜んでもらうには？

できたてをその場で食べてもらえるのが、イートインの最大の魅力。お店が落ち着くアイドルタイムに集客できれば、売り上げアップも……。だが、ひと口にイートインといっても、スタイルはさまざま。コンセプトやニーズと照らし合わせ、自分のお店らしいスペースを考えよう。

くつろぎのスペースを提供して地域に根差したお店をめざす

できたてはやっぱり店内で楽しんでもらいたい――そんな思いを抱くなら、イートイン・スペースを併設したお店づくりを考えてみましょう。

ランチタイムは、オフィスや学校に持ち帰って食べられるお弁当が最も売れる時間帯。テイクアウトの需要が圧倒的に高くなりますが、「たまにはお店で食べたいな」と思っているお客さまも多いのです。住宅街でも気軽に入れるカフェが少ないため、イートインのニーズは意外に高いもの。地域の人が日常的に利用できる空間を設ければ、お店の認知度も上がります。

また、デリ&お弁当屋さんが忙しいのはランチタイムと、働く人の帰宅時間と重なる夕方以降です。午後3時以降はかなり余裕ができるので、その時間の売り上げを伸ばす方法として利用するのもいいでしょう。

お店のコンセプトに合ったスタイルを考えよう

イートインといっても、そのスタイルは多様です。購入したデリを座って食べるだけのスペースや、デリと一緒にコーヒーなどのドリンクも提供するカフェスタイル。さらに簡易容器ではなく、きちんと食器に盛りつけて料理を出すレストランスタイルもあります。

飲食店をはじめるときは、「食品営業許可」を取得しますが、カフェやレストランを併設する場合、全業種に共通する「共通基準」のほか、業種ごとの「特定基準」を満たす店舗構造にしなければいけないので、注意しましょう。専用の設備が必要となれば、当然お金もかかります。

イートイン・スペースを設置する前に、改めてコンセプトや立地条件、資金などを検討し、自分のお店に最適なスタイルを見つけましょう。

■食品営業許可の基準

食品営業許可の基準は、全業種に共通の「共通基準」と、業種ごとに必要な「特定基準」が設けられている。基準は各都道府県によって少しずつ異なるので確認すること。

たとえば、イートイン・スペースをつくる場合に対象となるであろう特定基準は、①区分は住居等とすること、②キッチンとトイレに専用の手洗い場を設けること、③客室や客席には、換気設備を設けること、などが挙げられる。

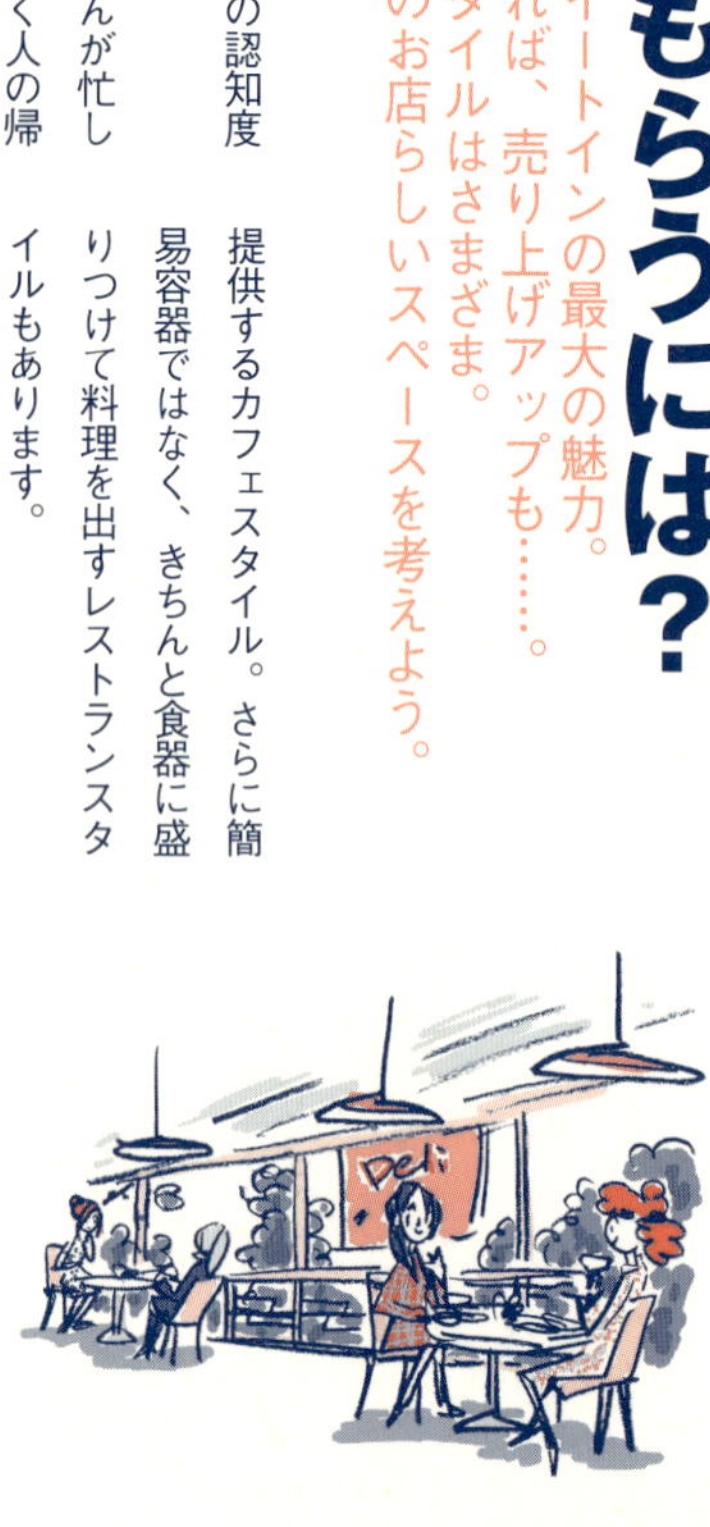

第3章

イートイン・スペースをつくる際のポイント

雰囲気 Atmosphere

お店のコンセプトに沿った雰囲気づくりをしよう。開放感を出したいなら、外光を多く取り入れられる広めの窓や明るめのカラーデザイン、吹き抜けの天井などもお勧め。インテリアや照明などで個性を出してもいい。

機能性 Functionality

デリを買うスペースからイートイン・スペースまでの動線は、スムーズに移動できること。空間にゆとりがないと居心地も悪くなってしまう。通路を広く取って、デリを選ぶ人とイートインの利用者が接触しないようにするなどの心配りを。

サービス Service

調理にひと手間かける余裕があるなら、イートイン限定のメニューをつくるのもいい。イートイン・スペースの付加価値を高めて、利用するお客さまを増やしていけば、お店全体の売り上げアップにつながるはず。

お店のコンセプトを反映したスペースにしたい！

CHECK POINT

- 食品営業許可の基準は満たしている？
  →イートイン・スペースを併設するなら「特定基準」をクリアする必要がある。
- テーブルやイスの配置は？
  →スタッフやお客さまの動きを妨げない工夫をしよう。
- イートイン・スペースの規模は？
  →忙しい時間帯でも、スタッフの目が届くよう、お店に最適な広さをチョイス。

ウッドデッキを利用するなら

手軽にイートイン・スペースをつくりたいなら、ウッドデッキを利用するという手もある。木材のサイズやデッキのデザインが決まっている規格品のほか、自由にデザインできるタイプもある。自分で組み立てて設置するか、専門の業者に委託するかは、お店のイメージや資金と相談して決めよう。

ウッドデッキをグリーンで囲み、くつろぎの空間に。「biji（P 054）」

主力メニューを引き立てるのは、魅力的なサイドメニュー、ドリンク

主力メニューのおいしさは、サイドメニューのでき具合によってさらに魅力を引き出すことができる。お店らしさを感じさせる魅力的なサイドメニューやドリンクをつくって、お客さまを飽きさせない工夫を。いつ訪れても変化があり、印象に残るメニューをつくろう。

魅力的なサイドメニューがお店の人気を支える！

お客さまに愛されるには、お店の顔となる主要メニューを充実させることは絶対条件です。でも、それしかないというのも考えもの。最初は人気があっても、食べたいと感じるメニューが限られていては、いずれお客さまは離れていってしまうでしょう。

そこで、魅力的なサイドメニューがあってこそ主役が輝くことになります。ただの添え物として考えるのではなく、それ1つでも十分な魅力があることが重要です。

たとえば、メインが肉中心のボリュームあるメニューなら、サイドにはマリネやサラダなど、さっぱり味でヘルシーなデリを増やすなど、バランスを見てラインナップをそろえることです。

彩りや盛りつけを工夫し、バラエティに富んだメニューを

料理の色合いなど見た目にも気を配る必要があります。お客さまがわざわざ買いに来てくれるのは、家庭の味に近いけれど、自分では出せないおいしさや魅力があるからなのです。家庭の食卓によく並ぶようなメニューであっても、彩りや盛りつけなど、どこかでお客さまに感動を与える工夫が大事です。

さらにサイドメニューは、たくさんの種類から選びたいもの。いつも食べているメインメニューでも、サイドメニューが違えば、新鮮に味わえるはず。焼き物、煮物、サラダ、デザートまでバランスよく取りそろえること。何品用意するかは、お店の規模やスタイルにもよりますが、10～20種類くらいあるのがベターです。

ドリンクを出す場合は、コーヒーや紅茶などの定番のほか、そのお店らしさを感じられるフレッシュジュースなどを、何種類か用意しておくといいでしょう。

■料理の色合い
20歳前後の男女計836人を対象とした「色彩と味覚に関する、日本の20代の調査結果」を見ると、食欲を増進する色のベスト3は、赤、オレンジ、黄色となっている。これらの色をメニューに効果的に配するなどして、味だけでなく見た目の魅力もアップさせる工夫をしよう。

魅力的なサイドメニュー＆ドリンクとは？

「メインメニューの味を引き立てる」工夫を！

漠然とサイドメニューをつくるのではなく、メインメニューに調和する味わいのものをそろえよう。

〈例〉・ミネストローネ
・白身魚のクリームソース煮

「彩り豊かな」メニューで！食欲を呼び起こそう

食欲を増進する赤や黄色を効果的に使って、見た目もおいしいメニューをつくっていこう。

〈例〉・旬の野菜マリネ
・だし巻き卵

「コンセプト」の見直しもポイント！

・和洋中などのメニュー構成
・競合店の主力メニュー
・顧客ニーズ
・オーガニックへのこだわり
・イートインはあるか？　など

「豊富な品ぞろえ」でいつでも新鮮な気分に！

サイドメニューは、焼き物や煮物、サラダなどでバランスよく構成。品数は10～20種類はほしいところ。

〈例〉・自家製ラザニア
・サバのみそ煮

「ドリンク」にもお店らしさを加えよう！

有機製法のコーヒー豆を使うなど、お店らしさにこだわったドリンクを用意しよう。

〈例〉・黒ゴマラテ
・グラスワイン

お店の個性あふれる飲み物が人気！

イートイン・スペースをつくるなら、ドリンクのラインナップにも気を配りたいもの。

たとえばオーガニックレストランの「みどりえ」（24ページ）では、食べ物と同様、ドリンクの安全性にもこだわっている。コーヒー、お茶類はすべて無農薬。コーヒーは自家焙煎したものを提供するなど、手づくり感も大事にしている。

イスラエルの伝統料理のお店「Falafel Garden」（66ページ）では、現地のビール「マカビー」（580円）をドリンクメニューに加え、外国の味ならではの魅力をアピール。

ドリンクにもお店のコンセプトを反映させることで、お店全体のイメージづくりに役立てることができるのだ。

「Falafel Garden」ではお店のメニューに合わせて、イスラエルの珍しいビールも用意。

実践的アドバイス part3

お店に必要な設備&什器の基本ラインナップ

さまざまなスタイルがある、デリ&お弁当のお店。
コンセプトによって必要なものは変わってくるけれど、
ここでは、最低限必要なものをピックアップ。
調理器具のほか、料理を入れる容器の準備も忘れずに。

調理・下ごしらえ

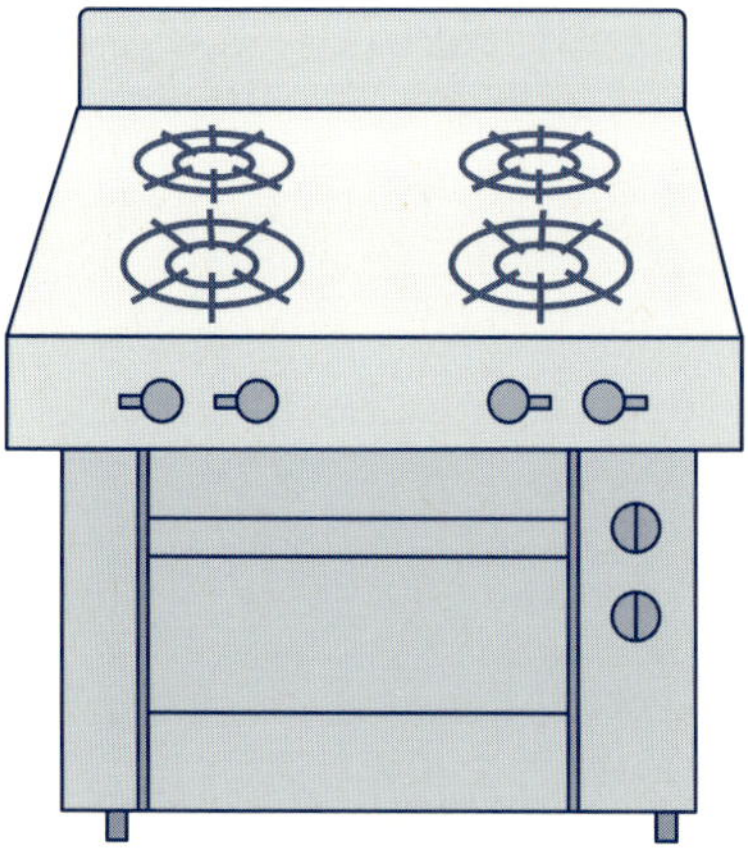

ガスコンロ

煮物をつくったり、炒め物をしたり、調理をしていくなかで、もっとも活躍するのがガスコンロ。頻繁に使うものだけに、火力の強さはどうか、自分にとって使いやすい高さかなど、十分納得のいくものを選びたい。

コールドテーブル

天板部分が作業台になっている背の低い冷蔵庫。小規模なキッチンでも、ムダなく機能的に使えるので便利だ。

オーブン、ホイロ

じっくり火を通すグリル料理を出すならオーブンを。安全性を求めるなら電気式を、強い火力が必要ならガス式を選ぼう。自家製のパンをメニューに加える場合は、専用のオーブンやホイロも必要だ。

炊飯器・釜

お弁当などに使うご飯は、大量に必要なもの。家庭用の炊飯器を使うなら、2つ以上は用意しよう。おにぎり専門店など、炊き加減にこだわるお店なら専用の釜を。

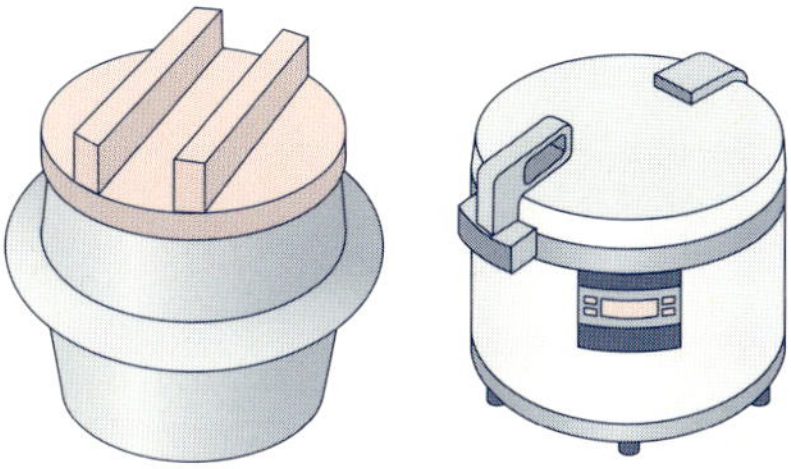

フライヤー

揚げ物をつくるための機械。定番メニューに揚げ物を加えるなら、持っていて損はないはず。

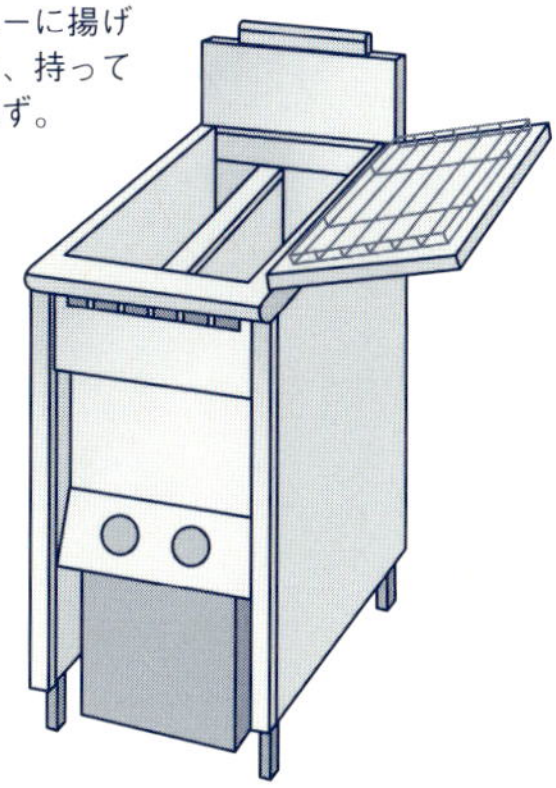

保存

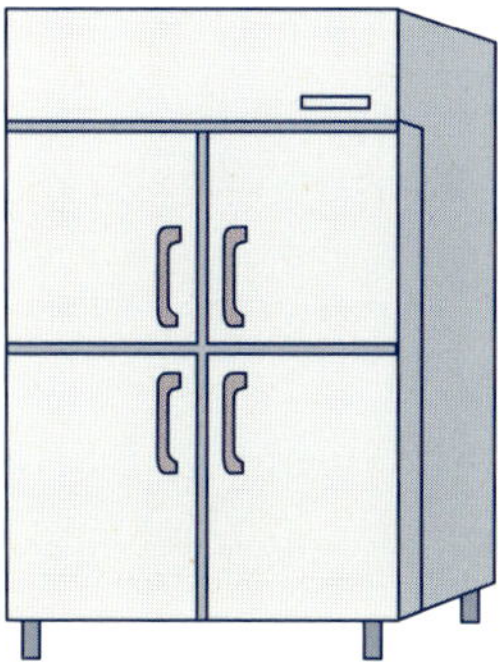

冷凍冷蔵庫

食材の鮮度を保つ冷凍冷蔵庫は必須。調理前の食材のほか、下ごしらえの済んだ食材なども保存するので、中身が広く使い勝手のいいものを。

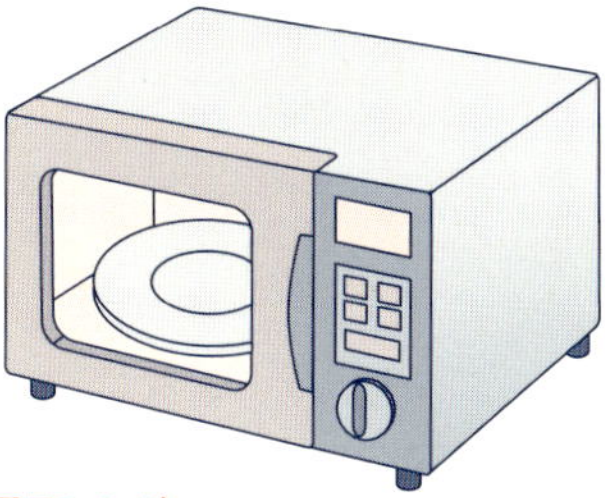

電子レンジ

野菜の下ごしらえなどが手軽にできる電子レンジは、なかなか重宝。上手に使いこなそう。

陳列・販売

デリやお弁当を入れるパックなど

テイクアウト用のパックなどは、持ち運びがしやすく、衛生的なものをチョイスしよう。

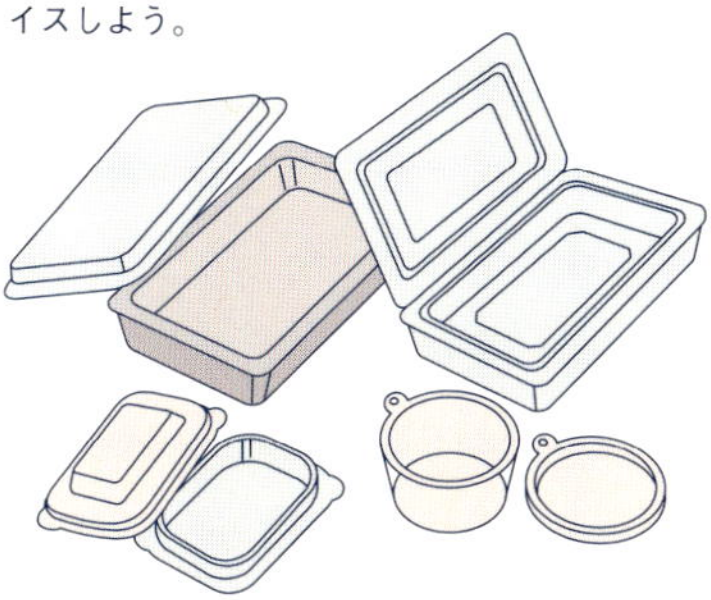

冷蔵ショーケース

出来上がったデリやお弁当を入れるケース。対面式の型と、お客さまが直接手に取れる型があるので、自分のお店のタイプに合わせて選ぼう。

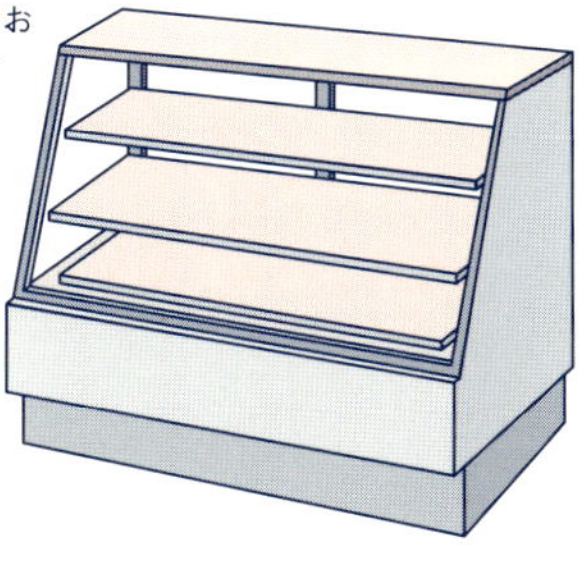

「いつでもおいしい！」を実現する調理のノウハウを生かそう

レストランとは違って、その場で食べることの少ないデリやお弁当は、時間の経過による食材の色や味の変化に要注意！ つくりたての味を家庭に持ち帰ってもおいしく食べてもらうために、いつものメニューにもうひと手間を加えてみることが大切です。

つくりたての味をお客さまの食卓まで！

お店で買ったデリやお弁当を持ち帰り、いざ食べようと思ったら、みずみずしさが消えていてがっかり。買ったときはおいしそうだったのに……という経験はありませんか？

このような、時間の経過とともに料理の見た目が悪くなる現象を「経時劣化」といいます。この経時劣化を起こしやすいメニューの代表例が、生野菜のサラダ。新鮮なサラダはデリの定番人気メニューですが、生野菜は時間がたつと茶色く変色する「褐変」を起こしやすいので注意が必要です。

最近の研究では、ネギ類の浸出液に褐変を防ぐ効果があることがわかってきました。浸出液に野菜を浸したり、サラダの中身にスライスタマネギを加えたり、ひと工夫するだけで経時劣化を抑制することができます。

味を持続させる調理法を知っておこう

お弁当のご飯やおにぎりなど、日本人の食生活には欠かせないお米。お米の主成分であるデンプンは「糊化」というプロセスを経て、はじめておいしい状態になります。

この糊化を進めるには、炊く前のお米にしっかり水を吸わせ、炊き上がり後は十分蒸らすこと。基本的なことですが、これだけで風味が格段にアップし、味の持ちもよくなるはず。

また、衛生面にも細心の注意を払いましょう。とくに夏場は、十分に火を通したレシピを増やしたり、傷みの早い食材は控えるなどの対策を。

さらに、食材を入れる容器も抗菌力の高いものを選ぶようにしましょう。竹の皮やヒノキなど、殺菌力がある天然素材も上手に活用していきたいものです。

■褐変とは？
時間の経過によって、野菜の表面が茶色く変化してしまうこと。植物は、傷を付けられるとそこから病原菌を侵入させないように障壁をつくる。その際、植物中の酵素の働きによって、褐変を引き起こす物質が生成されるために起こる現象。

食材の保存は「温度管理」が重要

仕込みは素早く行い こまめに温度をチェック

おいしく安全なメニューを提供するためには、食材の保存管理を慎重に行うことが大切。細菌が繁殖する温度帯は、5～60℃の間とされている。この温度帯に食材を4時間以上置かないのが原則だ。

食材の仕込みは素早く行い、調理後はすぐに冷蔵庫や冷凍庫へ保存すること。一般に適正な温度は、冷蔵庫は1～5℃、冷凍庫はマイナス18～22℃。冷凍冷蔵庫内の温度計で、正常値に保たれているかをマメにチェックしよう。

Point

- 細菌が繁殖する5～60℃の温度帯に、食材を4時間以上置かない。
- 冷蔵庫は1～5℃、冷凍庫はマイナス18～22℃に温度を保つ。
- 炊き立てのご飯は急速に冷却してから盛りつけを。（ご飯とおかずを同じ器に盛った際、ご飯の温度で細菌が繁殖するおそれがある）

おいしさの3つの条件

見た目　色鮮やかでツヤのある食材は、見るからにおいしそう。サラダなどの生野菜は、茶色に変色する褐変を起こしやすいので、品質管理はしっかりと。

味　いつもつくりたての味が理想。容器のフタの水滴で、食材がふやけてハリを失ってしまうことも。温野菜なら固めに仕上げるなど、調理法にひと工夫ほしいところ。

衛生管理　肉や魚にはよく火を通す、傷みの早い食材を避けるなどの工夫を。また、テイクアウト用の容器やお店で使う道具類なども、安全にこだわって選びたい。

調理の工程も大事

①冷菜は早い時間に仕上げておく。
②グリルは一番売れる時間帯に合わせて焼くなど、調理の手順はメニューの特性に合わせよう。

つくり手の心配りがおいしさの源！

テイクアウトするお客さまのために、時間がたっても色鮮やかでおいしいメニューを提供しようと、本書に登場するお店のオーナーたちも、試行錯誤を重ねている。たとえば、「b・i・j・i」（54ページ）では、温野菜は芯が少し残るくらいに茹でて、ハリやツヤを長持ちさせる工夫をしている。また「おにぎり 田田」（60ページ）では、おにぎりは殺菌作用のある竹皮で包装。もちろん店内の道具類はすべてカビの発生が少ない天然ヒノキ製のものを使い、衛生管理に万全を期している。

新鮮な食材を仕入れるだけでなく、調理したあとの味や見た目、衛生面への心配りがあってこそ、そのメニューの魅力を最大限に生かし、人気を呼べるのだ。

「ヒノキ製品は長く使え、道具を頻繁に買い換える必要がないのも長所」という「おにぎり田田」の江倉さん。

購買意欲をそそるラインナップや価格はどうやって決めるの？

お客さまは、まず店頭に並ぶ商品を見て、どんなお店かを判断するもの。メニューを考える際、お店のコンセプトが反映されていることが第一。それに、価格は高すぎても、安すぎても効果は期待できない。その商品に見合った適正な価格を見極めることが成功のカギだ。

お客さまをワクワクさせるメニュー構成を考えよう

日々の食事を提案するデリ&お弁当屋さんにとって、固定客をいかに増やすかはとても重要。お客さまの生活スタイルに自分のお店のメニューを組み込ませることが、リピーター獲得の大きなポイントです。

まずは「オーガニックにこだわる」「お米が自慢」など、お店のコンセプトに合った看板メニューを数品つくり、「こんなお店ですよ」とアピールしましょう。お客さまにお店への期待感を喚起させるのが第一ステップです。

そのうえで煮物、焼き物、サラダなどをバランスよく用意。品数はお店のスタイルによっても変わりますが、常時10〜20種類は店頭に並べたいところ。いつも同じラインナップでは新鮮味がありません。レシピのストックを豊富にもっておくといいでしょう。

お店のコンセプトとニーズから適正だと思われる価格設定を

お弁当も、お店のカラーを打ち出した定番弁当、日替わり弁当など変化をつけてみましょう。たとえば、おかずは「季節限定」や「数量限定」といったキャッチフレーズも効果があり、購買意欲をかきたてます。

メニューが決まったら、次はいくらで売るかです。価格は、基本的には原価率から計算します。一般にデリ&お弁当の原価率は30〜40%ですが、食材の値段にバラツキがあるので、高いものと安いものを組み合わせ、平均で30〜40%になるよう設定しましょう。

また、お店の立地や競合店の有無などによっては、少しぐらい高くても、値段に見合う価値があればお客さまは買ってくれることも。大事なのは、適正だと感じられる価格設定をすること。コンセプトやニーズを考慮して、最適な価格設定をしていきましょう。

■原価率
商品の値段に対する原価（仕入れ費、人件費など、商品を販売するためにかかるお金の合計）の割合。
ただし原価率には、売れ残りの在庫や廃棄処分するものの値段が含まれない。そのためロスが出れば、利益が少なくなり、実質的な原価率は高くなってしまうので注意すること。

リピーターを呼ぶ魅力的なメニューを構成するには？

コンセプト Concept

お店の認知度を高める。コンセプトが明確にわかる定番メニューを用意して、お客さまにどんなお店なのか知ってもらおう。

バランス Balance

煮物や焼き物、サラダなど、バラエティ豊かなメニューを用意し、お客さまのライフスタイルに組み込んでもらう努力をしよう。

ニーズ Needs

立地・客層を考慮したメニュー構成を。季節限定、1日限定など、そのときにしか食べられないメニューで、お客さまの購買意欲をくすぐろう。

価格 Price

基本は原価率が30～40％。ただ、味と品質に自信があれば多少高めに設定してもいいだろう。商品に見合った値段なら、お客さまはついてくるはず。

個性で勝負する人気メニュー

コンセプトを反映

選べるサイズとトッピング

ファラフェルサンドなど、3、4種類あるピタサンドが主力メニュー。S・M・Lの3サイズがある。料金を追加すればトッピングが自由に楽しめるなど、お客さまのニーズを考慮した工夫がなされている。

「Falafel Garden」

……………（P066）

つねに握りたてを提供

専用の羽釜で炊いたこだわりのご飯を使ったおにぎりを、20種類ほど用意。おにぎりはオーダー製なので、つねに握りたてが食べられる。徹底したおいしさへのこだわりが、リピーター獲得につながっている。

「おにぎり 田田」

……………（P060）

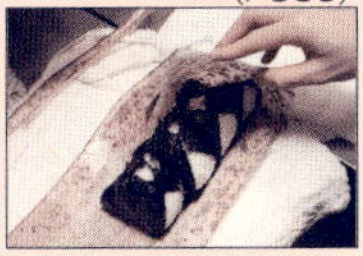

バランスを重視

野菜だけで幅広く

肉や魚を使わないフレンチ総菜を提供する同店。食材は限られるが、オードブル、メイン、デザートまでバランスのとれたメニュー構成が人気。料理の色合いの美しさもお客さまから高い評価を得ている。

「ル・ペイザン・ベジデリ」

……………（P030）

日替わりメニュー

デリは100グラム200円から、お弁当は400円からとリーズナブルな価格設定に。店頭に並ぶメニューの数は少ないが、日替わりメニューを豊富にそろえて、常連のお客さまが飽きないように工夫している。

「HAPPY DELI」

……………（P018）

自分の描くコンセプトに合った立地を探してみよう

物件選びは、お店を開業するうえでの最重要ポイントの1つ。自分のめざすお店は、どんなエリアが合っているのか？地域の特性や人の流れ、顧客ターゲットなどを調査するため、まずは希望するエリアに実際に足を運んでみよう。

出店希望エリアには何度か足を運ぶ

お店を開業する場所をどこに決めるかで、オープン後の経営は大きく左右されます。安易な妥協はせず、地域や物件情報を収集し、自分の目や足を使って慎重に探しましょう。

まず、出店エリアはターゲットとする人がいるかによって決まります。時間をかけずに出せる料理やお弁当を用意するお店なら、オフィス街など、目的をもって移動する人の多いエリアに。オーガニックにこだわるなら、健康にお金をかけられる人の住む街を選ぶなど、コンセプトに合わせて開業する場所を検討します。

開業を検討したい場所が見つかったら、その地域で獲得できそうな顧客層をさらに細かく調査。年齢、性別、生活パターンや趣味趣向など、お店のコンセプトとマッチしているかどうかをチェックします。

また近い将来、道路の開通やマンション建設、新しい駅が計画されている場合、人やモノの流れが一変することもあるので注意しましょう。

来店しやすい動線があるかきちんとチェック

場所の検討と同じくらい重要なのが「動線」です。動線とは人やモノなどが移動する経路を指す言葉。たとえば駅に近い物件の場合、横断歩道の有無で流れが違ったり、住宅街の路地でも、そこが駅への近道になっていて、通行人が多いなど、動線にはさまざまなケースが考えられます。

この動線を明確に見極めるには、人の流れや通行量はあるのか、通行人の目的は何なのか、近くに人の集まるポイントはあるのかなど、正確に知ることが重要となってきます。

似たようなビルや看板に囲まれた街は、どのお店も同じように見えてしまうなど、よい立地条件であっても目に留まりにくいこともあるので、よく検討しましょう。

■家賃の比率

フードビジネスにおいては、売り上げに対する家賃の比率（売上高対賃料比率）は10％が一般的といわれている。月の売り上げ（予測）が4万円／1日×25日＝100万円の場合、家賃は10万円が目安。

また、売り上げ（予測）の3日分が適当だと考える場合もあるが、この場合も月の営業日を30日で計算すると、やはり10％ということになる。

物件を探すときのポイント

立地
住宅街なのか、オフィス街なのか、繁華街か、駅前か、路面店かどうかなど、自分が開業したいお店のコンセプトに合っているかを確認。

設備
電気、ガス、水道などの位置と容量を確認。居抜きや古い物件はとくに注意。開業後、配水管がすぐに壊れ、自費で修理したケースもある。

物件の特性
物件の広さ、階数などがコンセプトと合っているかチェック。柱などでデッドスペースが発生しないか、どの程度の空間が必要かしっかり確認する。広くて安い物件でも光熱費がムダにかかるので要注意。

予算
1カ月の家賃、敷金・礼金、保証金の額が妥当であるかどうか確認する。退去時や転出時にトラブルにならないよう、保証金の返還方法なども明確にしておくといい。

地域の特性
平日、休日、昼と夜のどの時間帯にどんな年齢層の人が集まるのか確かめる。商店街の利用客は多いかなど、地元の人に直接聞いてみるのもいい。まずは、実際に現場に複数回足を運んで、自分の目で確認するのがベター。

周辺調査はこんな方法で

都市計画
道路の開通、ショッピングビルの建設、マンション建設などが予定されていると、数年後に街全体の人やモノの流れが一転することも。自治体の都市計画課などに出向いて、マスタープランを聞いてみるといい。

インフラ
住宅地から駅までの動線、おもな道路網、新しい駅の建設計画などをチェックしておきたい。

人の流れ、人の数
平日、休日それぞれ、道順によって人の流れに差があるか、どのくらいの人が通っているのか、駅までの道に競合店はないかチェック。昼や夕方の時間帯に足を運んでみるといい。

物件を契約するときの目安と注意点

一般的に家賃の目安は、月の売り上げ（目標）の1割、または3日分が妥当といわれている。例えば、売り上げが1カ月200万円で営業日数が25日なら、20万円（1割）～24万円（200万円÷25日×3日分）となるので、参考までに覚えておくといい。

また、契約にあたっては物件オーナーの経営状況も注意しておきたいところ。万が一オーナーが破産すると、経営者が交替し、保証金が返還されない可能性もある。さらに契約内容が引き継がれないこともあるので気をつけたい。

家賃は交渉次第で下げてもらえることもあるが、あまりに強引に押し進めると交渉不成立にもなりかねないので注意しよう。

物件の広さやカタチ、設備をしっかりチェックしよう

立地条件だけでなく、物件の広さや設備は重要。使い勝手の悪い間取りやデッドスペースのできやすいかたちは問題発生の原因に。細部まできちんと確認して物件選びをすることが大切だ。移動販売は、まず場所の確保について知っておくこと。

コンセプトに基づいて物件の広さを決める

デリ&お弁当屋さんは、比較的小規模な物件でもできるお店ですが、その広さが自分のコンセプトにふさわしいかどうか、よく見極めることが大切です。広いのに安い物件は一見、おトクな気がしますが、広いぶん光熱費が高めになることも考慮すべきです。

また、家賃が安いから、ユニークだからと変形の物件を選ぶと、デッドスペースができやすく、使いにくくなってしまうことも。

イートインとテイクアウト、どちらがメインのお店なのか、スタッフ数、メニュー数などによっても必要な広さは変わってきます。

そして、もっとも重要なのが厨房です。いかに売り場をセンスよく、充実した空間を演出できても、厨房の使い勝手が悪かったり、狭くて使いにくいと、調理の効率が下がり中途半端な味つけ、メニュー構成になりかねません。

居抜き物件の場合は水道、電気、ガスなどに問題がないか、しっかりチェックすることが大切です。いつから空き店舗になっているのか、前のお店はどれくらいの期間営業していたのか確認してみましょう。

移動販売は出店場所をあっせんする機関も

屋外でお弁当屋さんや屋台を出店する場合、どこにでも出店できるわけではなく、営業するには、その土地を管轄する管理者に許可を得なければなりません。

ただし人通りが多く、競合店が少ない希望の場所があったとしても、実際には交渉にさえ応じてくれないところがほとんどです。

そこで利用したいのが、出店場所をあっせんする機関。登録すると出店場所を提供してくれますが、最近は競争が激しくなっています。場所選びは慎重に行いましょう。

■出店場所をあっせんする機関
おもにオフィス街など、人が集中しやすいスポットの一角に、ワゴン車を止めて販売することができる。数台が集まって出店することが多く、お店のメニューが競合することはないので売り上げの相乗効果も期待できる。

物件の広さや設備のチェックポイント

広さ	
・客席、厨房ともに十分なスペースがあるか	□
・コンセプトに合った空間づくりができるか	□
・必要な設備、什器は置けるか	□
・動きやすく使いやすいか。接客は行き届くか	□
・お客さまが快適に買い物できるか	□
・満員時にも対応できる余裕はあるか	□
・在庫や仕入れ品の保管スペースはあるか	□
かたち	
・とくに厨房はスタッフに使いやすいか	□
・イメージしている内装やデザインに合うか	□

・スタッフ、お客さまの動線は確保できるか	□
・通行人が来店しやすい動線はあるか	□
・テーブルや什器などを置いたときに、デッドスペースはできないか	□
設備	
・設備や什器を必要な場所に設置できるか	□
・ガス、水道、電源やコンセントの位置と容量、管の長さなどを確認	□
・窓の数や大きさ、扉や間口の広さはどうか	□
・換気扇、排気ダクトの有無、設置場所の確認	□

移動販売の場所を確保するには

販売場所をあっせんする機関に登録　case 1

出店するにはまず登録が必要になる。条件は機関によって異なるが、保健所で取得した営業許可証、販売するメニューの詳細、コンセプトの詳細を記載した用紙などを提出し、承認を得る。ただ最近は出店希望者が多いので順番待ちになる可能性も。出店にあたっては、機関によって異なるが、売り上げの10～15％の場所代を支払うというケースが多い。

スーパーや大型店、ビルなどの駐車場、空きスペースで販売　case 2

スーパーや大型店、ビルの管理責任者に交渉し、空きスペースを借りて販売する。また定休日の店先で販売するケースもある。場所代を支払うことが多く、金額も交渉次第だが、売り上げの10～15％を支払うことが多い。

ちなみに一般の道路や公園で出店を希望する場合、管轄の警察署の許可が必須。個人だと許可がなかなか下りないので営業は難しい。

コインパーキングや月極駐車場の一部を借りて販売　case 3

スーパーやビルの空きスペースを借りるのと同様、管理責任者に交渉して、場所代を払いながらの営業になる。ただしコインパーキングは、無人であることから車上荒らしが多発しているので、防止効果を狙って、移動販売を歓迎してくれることも。意外と穴場なのでチェックしてみよう。

「道路使用許可」がないと移動販売は違法行為！

道路上で警察の許可なく移動販売をするのは違法行為なので要注意。一般の道路で出店する場合、道路交通法の「道路の使用の許可」、道路法の「道路の占用の許可」が必要になる。この許可を取るには管轄の警察署に申請することになるが、個人の場合、許可が下りないことがほとんど。残念ながら道路での出店はあきらめたほうがいい。

また、許可なしで販売した場合、刑事処分の対象となり、3カ月以下の懲役または5万円以下の罰金を支払わなければならない。道路のほか、公園で移動販売をする場合も都市公園法の「都市公園の占用の許可」が必要なので気をつけよう。

出店場所を探すのは困難だが、「バレなければいい」という考えだけは禁物だ。

デリ＆お弁当の“本日のおススメ　豆知識”part2

自分らしいお店のデザインはこうして実現した

つかのまの時間でも、お客さまには気持ちよく買い物をしてほしい。
お店で食べてもらうなら、長居したくなるような快適な空間にしたい。
そんなさまざまな願いから、オーナーはそれぞれの工夫を凝らします。
店舗設計のプロに任せたお店づくりをまとめて見てみましょう。

開放感 Openness

お客さまもスタッフも動きやすいゆとり

デリ&カフェ　ウーラン

店内でまず印象に残るのが、カフェ・スペースの5メートルもある天井の高さ。当初は2階を造作することも考えたそうですが、開放感を重視した空間に。壁面はスタッコ仕上げ（日本でいう漆喰塗り）、木のテーブルにイス、板張りの床など、ナチュラルなテイストで統一されています。

デザインはオーナーの中馬さんが3カ月以上もかけて図面を作成。インテリアを買いなおすことのないよう位置まで細かく決め、専門の会社に依頼しました。

厨房のかたちも少し変わっていて、デリ、サラダ、デザート担当の3つに区切っています。冷蔵庫は一番多く利用するデリスペースの角に、サラダは水洗いしやすい流しの裏に、デザートは粉ものが多いため、ほかの2つのスペースとは少し距離を離して置いています。

土壁を思わせる温かい色合いの壁、高い天井にはシーリングファンが回り、異国を訪れたような雰囲気も感じさせる。客層は若い女性のほか、子ども連れの母親も多い。

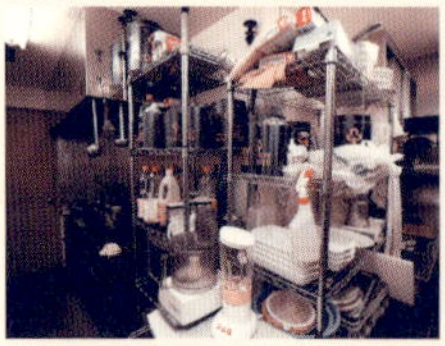

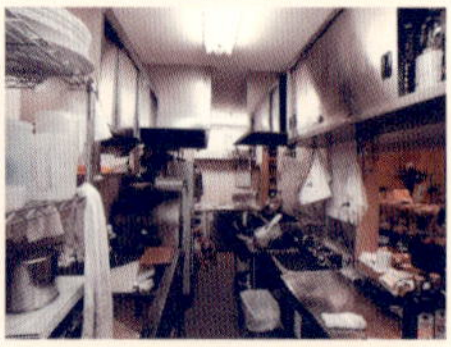

マンションの構造によって、「く」の字型になっている厨房。左がデリをつくるスペース、右がサラダやデザートを担当するスペース。慎重に厨房機器を購入したため、大型冷蔵庫はほとんど隙間もないくらいに、ぴったりと収まっている。

下部がタイル張りのショーケースは、中古で手に入れたもの。無機質になりがちな部分だけに、アンティーク調のデザインが店内にマッチ。

カフェ・スペースの奥まったところには、少人数のお客さまにも落ち着けるテーブル席を用意。雑誌や子ども向けの絵本を置き、ゆっくりと過ごせるように配慮している。

機能性

仕事をしながら接客もOK

Open Oven

Functionality

開業にあたり「カジュアルなカフェスタイル」のお店にしたのは、オーナーの本多さんの妻・享世さんの希望から。パンを焼く享世さんと、イタリア料理店での経験の長い夫・弘幸さんとで仕事を分担。国産小麦と天然酵母のパンをはじめ、毎日6～7種類用意するデリやスープなどが人気メニューです。

手を休めるヒマもないくらい忙しいお店ですが、オープンキッチンにすることでお客さまとの距離を感じさせません。客席はソファ席、テーブル席があり、ソファ席の高さはベビーカーの高さに合わせるなど、細かい心配りも行き届いています。

パンを焼くためオーブンが場所を取りますが、厨房をコンパクトにまとめることで仕事もしやすそうです。朝早いパン焼きのため、階上に住めることも、この物件の決め手になりました。

すべての機器、道具などが手に届くところにあり、使い勝手のよさそうなオープンキッチン。カウンター席は常連客に好評だとか。

店内は広いだけでなく、ゆとりをもってテーブルとイスを配置しているのもポイント。奥のほうには子ども連れのお客さまが周りの目を気にせずにすむよう半独立タイプのテーブル席も用意している。

広さ

ゆとりの空間でのびのびランチ

みどりえ

Width

オーガニック料理に馴染みのない人にも入りやすく、弧を描く大きな窓際のテーブル席が人気のお店。外光がふんだんに入り、すがすがしい気分で食事が楽しめます。客席は30席あり、1人客から仲間数人で訪れる人までさまざま。

店舗工事にあたっては、内装とインテリアは同じデザイン会社に依頼。統一感のある雰囲気を感じさせるとともに、コストを抑えることもできました。

雰囲気

ジュエリーショップのような高級感

ル・ペイザン・ベジデリ

Atmosphere

まるで宝石店のようなショーケースに、有機野菜を生かしたオードブルやデリ、スイーツまでが整然と並べられています。その色彩豊かなメニューを引き立てるため、内装は建築デザイナーに一任。木のブラウンと白でシンプルに仕上げて効果を上げています。そのこだわりは厨房にまで貫かれ、お店で働く人の意識の高さを感じさせます。

メニューの見た目にこだわるのは、「気持ちの浮き立つような料理」を出したいからと、オーナーの小瀧さんはいいます。当初はデリ専門店としてオープンしましたが、店内でも食べたいというお客さまの声に応え、イートイン・スペースを設けました。

子どもたちとその親たちに食の意識を高めてもらいたいという思いとともに、おいしいフレンチが気軽に味わえると好評を得ています。

周囲に緑の多い環境のなか、高級レストランかとも思える入り口を入ると、まず目に入るのがショーケース。

信頼できる設計・施工業者にお店づくりを依頼しよう

物件を取得したあとは、お店づくりのもっとも重要な店舗デザイン。まず信頼できる業者を選ぶところから慎重にはじめよう。工事が完成してしまうと、あとから修正するのは困難なので、工事現場に頻繁に足を運んで、細かい部分まで確認することだ。

見積もりは必ず3社以上からとること

物件を取得できたら、設計・施工会社に工事を依頼します。このとき、もっとも安心できるのは、知り合いの業者か、知人から紹介された信頼できる業者に依頼することです。自分の好きなお店があれば、お店の人にお願いして手がけたデザイナーの連絡先を教えてもらうといいでしょう。専門誌やインターネットで気に入ったお店があれば、店舗デザインを手がけた会社を調べ、直接問い合わせてみるのも手です。

工事の契約をするにあたっては、必ず3社以上に声をかけ、相見積もりをとることが大切。追加料金の請求などを防ぐために、「見積もり予算をオーバーした際の追加料金は払わない」など、契約書にしっかり明記しておくことが大切です。

工事現場に頻繁に出向き細かい部分まで確認

業者が決定したら、お店のコンセプト、予算、開業までのスケジュール、ターゲット、インテリアまで、具体的にどんな雰囲気にしたいかを伝えます。その際、自分の理想に近いお店が掲載された雑誌の切り抜きなどを持参すると、イメージを伝えやすく、効果的です。

また、工事中はできるだけ現場に通って、自分の目で進行状況を確認しましょう。工事の途中で気になる点などが見つかったら、その場で指摘することも大切です。工事完了後に修正することは難しいので、しっかりチェックしましょう。

工事が終わったら、各種スイッチや窓、ドアの取り付け具合もしっかり点検します。エアコンの効き具合から照明の位置や明るさなど、細かい点まで確認すること。

なお、職人さんに挨拶やちょっとした差し入れをすることもポイント。よりよい人間関係を築いておくと、丁寧な工事につながることも。

■相（合い）見積もり
複数の業者から見積もりをとること。いくつかの業者を比べることで、相場と適正価格を知ることができる。
見積もりで注目すべきポイントは、その内容。「内装工事一括」「その他工事費」など、あいまいな項目があったら、細かいところまで具体的にしてもらおう。

第3章

正式に依頼するまでの流れとポイント

STEP1

物件の確認、内装を具体的にイメージ

取得した物件のかたち、広さ(床面積)、状態などをチェック。電気の容量や配線、ガス、水道の配管に延長が必要か、換気扇や排水溝の状態などをしっかり確認しておく。

また、内装の状態、厨房の広さ、設備機器の大きさなどを加味し、完成後の店舗イメージを具体化。長さ、幅、高さなどもきちんと計っておくこと。

STEP2

設計・施工会社を探す

友人や知り合いに紹介してもらう方法はもっとも信頼できるといわれる。しかし、相場より格安にお願いする場合は、手を抜かれることがないように気をつけよう。知り合いだからといって、安心せずに工事にはできるだけ立ち会うこと。

インターネットや専門誌で探す方法もあるが、飲食系の店舗工事で実績のある会社を選ぶのが一般的。設計したお店が紹介されていたら、実際に足を運んでみるのもいい。また、自分の気に入ったお店に、設計を手がけたデザイナーの名前を聞くという手もある。

STEP3

相見積もりをとる

必ず3件以上の業者に声をかけ、工事費の見積もりを比べてみること。見積もりを見ながら、どの部分にどれだけお金をかけるか全体の予算を決める。

初期投資を抑えるには、手づくりで間に合うものはないか、どこを一番重視したいか、不要な工事はないかなどを確認する。

STEP4

業者と打ち合わせ、交渉

コンセプトや設備などの希望をしっかり伝える。追加料金を支払わない約束なども忘れずに。また、相手の話はつねにメモにとるようにして、疑問点、不明点があれば説明してもらうこと。もし、業者の見積もりが、予算より少しだけ高いなら交渉してみよう。その際、ただ「安くしてほしい」とお願いするのではなく、予算を出せない理由をきちんと説明する。

また、たとえば内装に使いたい木材の価格が高い場合などは、似たような風合いの木材はないか、何か加工を施すことで代替できないか相談して、安く上げる手もある。

正式に依頼

一括して発注する方式と「分離発注方式」がある

外・内装工事をする際、工務店などが設計〜施工まで一貫して請け負うことを「設計施工一括方式」と呼ぶ。この方式では、予算を提示すれば、その範囲で施工から設計まで手がけてくれるので、発注する側に手間がかからないというメリットがある。

それに対して、デザイン、設計、工事を分けて注文する方法が「分離発注方式」。見積もりを別々に出さなければならず、そのぶん手間がかかるが、それぞれが専門業者なので工事ミスも少なく、適正な価格で発注することができる。

どちらもメリット、デメリットがあるが、自分に合った方式を見つけ、信頼できる業者を探してみよう。

女性客を獲得するのが、お店を繁盛させるカギ

デリ＆お弁当のお店に限らず、味が評判のお店があれば、まずかけつけるのは男性よりも女性が多いようです。少し遠くてもわざわざやって来てくれるのも若い女性……。となればまず、女性客を獲得することが最初のチャンスになります。

栄養素やカロリーを考えたメニューづくりを

一般に、食品業界では女性客は男性客に比べて、味や価格をはじめ、食材の産地、清潔感などに対する評価が厳しいといわれています。そのため、売り上げ自体を伸ばせるか否かは女性客の獲得にかかっているといっても過言ではありません。

まず、料理については、女性は味とともに栄養価やカロリーにこだわる人が非常に多いのが特徴。1つの料理に何種類もの素材を使って、栄養バランスを整えたり、ビタミンなどが豊富に含まれた野菜を多く使用したり、生産者の顔がわかる素材を使うなど気を配りましょう。メニュー表に食材の産地やカロリーを表示すると伝わりやすくなります。

また、イートイン・スペースでデザートを味わえるだけでなく、テイクアウト用にも用意するお店が人気です。

清潔感が第一 女性限定のサービスも

料理に限らず、店内や食器などの清潔感にも女性は敏感です。イートインもできるお店では、トイレの汚れや臭いはもちろん、テーブルや床のベタつきもタブー。スタッフの服が汚れていないか、髪型は乱れていないかなど、すみずみまで気を配ることが大切です。

女性客を意識した内装デザインにするなら、センスのよい食器を扱うなど、小物に凝ってもいいでしょう。テイクアウトで使う容器には、おしゃれなデザインを施した店名ロゴマークを入れたり、特別価格で提供するレディース・デーや、美容を意識した日替わりレディース弁当など、女性限定のおトク感をそそるメニューを考案しても、女性客の獲得につながります。

メニューづくりや接客、サービス、内装の雰囲気など、女性客を意識する際のポイントを次ページにまとめたので参考にしてみてください。

■細かな部分にも注意をさり気なく、しかもディテールまでこだわった心配りは女性客に必ず伝わるもの。イートイン・スペースを設けるなら、カウンターの下やテーブル周りにバッグがかけられるフックがあればとても喜ばれるし、夏場に冷房を効かせすぎないことも重要だ。トイレなどへの案内表示もきっちりとしておきたいもの。

女性客を意識したお店づくりのポイント

メニュー	・産地や生産者のはっきりした食材を使用 ・カロリーは控えめで、栄養素がたっぷり含まれた料理 ・見た目もおいしそうなデザートメニューを用意 ・クリスマス、バレンタインデーなどイベント限定のメニューを提案
内装・雰囲気	・センスのよいインテリア ・食器や容器はシンプルでもおしゃれに ・エコ問題などを考慮し、過剰包装は避ける ・外から店内が見渡せ、店内は明るいこと
清潔感	・スタッフの髪型や服装もチェック ・厨房やトイレから臭いを発生させない ・テーブルや床、食器などに汚れがないか確認 ・トイレにはアメニティグッズを置き、つねにピカピカ
サービス	・レディース・プランなどでおトク感をあおる ・ポイントカードをつくり、貯まったら割引きするなどのサービス ・おてふきは必ず添える ・ボリュームのある料理はハーフサイズも用意する
接　客	・使用する食材などへの質問には丁寧に応える ・丁寧な口調、手際よく案内する ・いつも明るい笑顔 ・イートインの場合、空調の気遣いやトイレの案内などを積極的に ・馴れ馴れしくしすぎない
独自性	・自分だけのコンセプトで他店にはない魅力を ・メニューにはコラーゲン含有など、美容を重視した食材を ・アジアンリゾート風など非日常空間を演出

女性客を獲得するためのちょっとしたテクニック

「おにぎり田田」（60ページ）のオーナー江倉さんは女性客を呼び込むために、自分が髪を切るときには、毎回、地元の違う美容室を利用。美容師との会話で、すかさず自分のお店をアピール。女性は口コミに敏感に反応することもあり、1人でも気に入ってくれれば、同じ美容室のスタッフのお客さまが来てくれる効果があったという。

また「b-i-j-i」のオーナー東さんは女性客が来店したときに「ハーフサイズにも対応しています」とひと言声をかけることにしている。量が多すぎて食べきれない女性にとってはウレシイ配慮。ちょっとした言葉でも、お客さまにとってはお店を気に入るポイントになることを知っておこう。

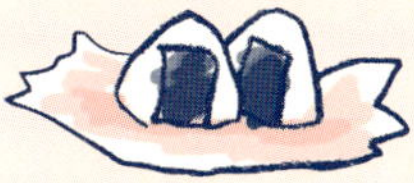

COLUMN

移動販売の許可申請や調理、接客、宣伝方法とは？

開業資金が抑えられ、低コストで出店できるのが移動販売の魅力。
ニーズのある場所さえあれば、一見割がよさそうにも見えるが、
保健所への許可申請など、面倒な手続きが必要。さらに、移動販売ならではの許可申請、
営業のコツなどを知らないと戸惑うことも。きちんと計画を立てて販売しよう。

移動販売を行うには保健所の許可が必要

移動販売を行う車はオーダーメイドする方法もありますが、専用車を製造する会社で販売する新車や中古車を購入することもできます。ミニバンなどを購入して自分で改造するのも手ですが、保健所が指定する設備を整えなければなりません。保健所の基準は都道府県によって異なりますが、車内に「軽自動車の清水、汚水タンクは各40リットル以上を設けること」「手洗い設備を設けること」など、さまざまな事項が義務づけられています。

車を調達したら、次に移動販売専用の営業許可申請をしなければなりません。これは保健所に申請するもので、必要な書類は、営業許可申請書（自動車の保管場所、型式および車両番号を記載したもの）、営業設備の大要・配置図（2部）、仕込み場所の営業許可書の写し、許可申請手数料など。この手続きをしないと営業できないので要注意（申請する書類は地域によって異なることがあります）。

許可が下りたら、売れやすい場所を探して確保し（P125参照）、営業するのみです。

お客さまとのコミュニケーションを図りながらの販売が大切

出店してからは移動販売ならではの営業方法を考えなければなりません。まず、販売場所が確保できたら、1週間のスケジュールを立てて、同じ曜日の同じ時間、同じ場所に出店し、固定客を獲得することが大事です。

さらに、場所の確保とともに重要なのが宣伝方法。車が止まっているだけでは誰も振り返りません。車体にペインティングを施して目立たせたり、写真入りでメニューを紹介したり、存在感をアピールします。車を止める場所付近の家にチラシをポスティングしたり、割引券を配るのもいいでしょう。

また、狭い車内では、いかに効率よく作業できるレイアウトに設計しても、調理できるものは限られます。必要な仕込みをしてから車に持ち込み、刻んだ野菜を盛りつけたり、ソースをかけたり、最後の仕上げをするだけにしておくといいでしょう。とくに夏場は食物が腐りやすいので、料理によっては冬場よりもよく火を通すなど工夫が必要です。

はじめてのお客さまには接客もより重要。明るく気さくに対応しながらも、手際よく仕事をこなすことが大切です。1度でも利用してくれたお客さまには「先日はありがとうございました」など、感謝を込めて話しかけ、コミュニケーションを図ることが、リピーター獲得にもつながります。

移動販売では天候によって売り上げが変わるなど、安定しない点もありますが、お客さまとコミュニケーションをとり、楽しみながら出店できる醍醐味があります。

第4章

開業計画書の上手なまとめ方

開業にかかるお金と、お店運営の方法

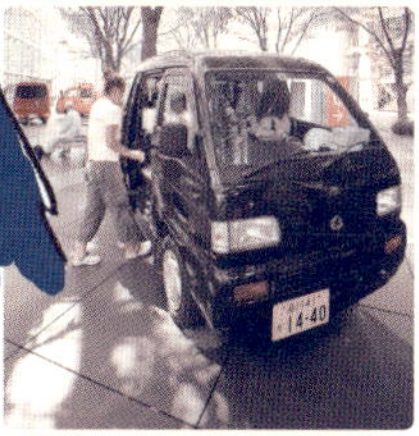

お店を開業し、長く続けるには
開業計画や収支計算など、
しっかりとした運営プランが
大切になってきます。
限られた予算内で
いかに上手にやりくりできるか、
オーナーとしての手腕が問われます。

開業にかかるお金はどれくらい？必要な資金を計算してみよう

開業には、物件の取得費や工事費だけでなく、備品や消耗品などの細かいもの、また開店後の運転資金も必要となる。自分らしいお店にするために、どこにお金をかけ、どこを節約すればいいのかをしっかりと見極めることが大切だ。

物件の立地、状態、さらにお店のつくりで変わる

開業資金は大きく分けて、店舗取得費、内装・設備工事費、備品・消耗品費、その他の諸費用があります。

このうち金額が大きいのは、一般的に店舗取得費です。家賃や契約金、不動産屋への仲介手数料などが含まれ、立地条件によっても差がありますが、たとえば月10万円程度の物件でもおよそ100万〜200万円が必要となってきます。

次に内装・設備工事費です。新築あるいはデリ&お弁当屋さんとしてはじめて使用する物件の場合は、ガスや水道、厨房設備などを設置しなければならず、店舗取得費よりも費用がかさむこともあります。居抜き物件ならこうした費用は必要ありませんが、造作譲渡料がかかる、状態の悪い設備や必要のない機器まで引き取らなければならない、といったケースもあるので注意が必要です。

セルフ式の総菜売り場なら陳列棚が必要になりますし、どんなインテリアをそろえるかなどお店のコンセプトによってかかる費用は、当然変わってきます。

トラブルも考慮して必要なお金を確保する

備品・消耗品とは、テイクアウト用の容器やビニール袋、割り箸など。安さとデザインのどちらを重視するかで費用も大きく変わってきます。それぞれにロゴや店名を入れるのであれば、そのぶんの費用も必要です。

その他の諸費用に含まれる運転資金は、なるべく多く用意すること。売り上げが思うようにならなくても、仕入れ費や人件費、光熱費は支払わなければなりませんし、どんなトラブルが起こるかわかりません。できればひと月に必要な最低金額の3カ月分は確保したいものです。

また、開店前に仕入れ先を見つけるための交通費や通信費なども、考慮に入れておきましょう。

■保証金

法律で定義された言葉ではないが、幅広い意味で使われている。多くは敷金としての意味で用いられ、退去時もしくは一定期間（数年間）据え置かれた後、何年かかけて均等に分割返還されるのが一般的。契約終了時期と返還完了時期が一致しないことも多い。

保証金とは別に敷金・礼金を取るところもあるので、どんなお金が必要でどのように返還されるのか、必ず確認しておくこと。

開業にかかるお金を計算してみよう

	内訳	金額	備考	A店の場合
店舗取得費	家賃	円	1カ月分	200,000円
	契約金	円	保証金または敷金・礼金（家賃の6～12カ月分が目安）	1,200,000円（家賃の6カ月分）
	不動産仲介手数料	円	家賃1カ月分が目安	200,000円（家賃の1カ月分）
	造作譲渡料	円	居抜き物件の場合のみ必要	0円
内装・設備工事費	内外装費	円	坪単価で計算	1,000,000円（坪単価10万円、10坪自作含む）
	設備工事費	円	電気、ガス、水道、空調など	1,400,000円
	電話工事費	円		50,000円
	厨房機器	円	冷蔵庫、コンロ、オーブンなど	1,200,000円
備品・消耗品類	家具・什器	円	ショーケース、湯せん器、イスなど	100,000円（自作、中古）
	インテリア	円	照明など	100,000円
	音響設備	円	CD、レコード、スピーカーなど	50,000円
	消耗品	円	テイクアウト用の容器（タッパー、プラ容器、割り箸など）	100,000円
	レジ・PC	円	必要な場合	10,000円（中古レジ、自前のPC）
その他	仕入れ	円	食材	250,000円
	チラシ・宣伝費	円	新聞折り込み、フリーペーパーなど	100,000円
	求人広告	円	スタッフを雇う場合	50,000円
	必要経費	円	事前の練習、勉強など	100,000円（食材費、交通費）
	運転資金	円	お店を維持するために貯えておく資金	600,000円
	合計	円		6,710,000円

開業資金を補うためにさまざまな融資制度を活用しよう

自己資金だけで開業できればそれに越したことはない。しかし、理想のお店をつくるためには、いろいろと出費も多くなる。そんなとき頼りになるのが、国民生活金融公庫や自治体などの融資制度。利率や返済期間、融資金額など、自分に合った制度を調べてみよう。

国民生活金融公庫や自治体の融資制度をチェック

開業資金が足りない人はもちろん、すべて自己資金でまかなえるという人でも、事業の展開やお店の運営方法によっては、資金調達が必要となることもあります。そんなときに頼りになるのが、国民生活金融公庫や公的機関の融資制度です。

国民生活金融公庫では、新たに事業をはじめる人のために「新規開業資金」という融資制度を設けています。これは、新規開業者だけでなく、創業から5年以内の人であれば、ほとんどの職種で申し込むことができる、一般的な融資制度です。

そのほか、女性や30歳未満、50歳以上の人を対象にした「女性、若者／シニア企業資金」や、飲食店や美容業などを対象とした「生活衛生貸付」という制度もあります。自分がどの制度を利用できるのかを窓口で相談し、もっとも有利な条件の制度を選択するといいでしょう。

いずれの場合も、融資限度額や利率は使途や返済期間によって違ってきます。詳しくは左ページを参考に、国民生活金融公庫のホームページなどで確認しましょう。

また、各都道府県など自治体単位でも融資制度を設けています。たとえば東京都には「創業融資」、大阪府には「開業資金（保証協会あっせん方式、金融機関経由方式）」などがあります。東京都の場合は上限2500万円、大阪府は上限1500万円となっています（左ページ参照）。

また、失業者で雇用保険の受給期間中に起業した場合は、厚生労働省の創業支援「受給資格者創業支援助成金」を利用することができます。お店を開業する前にハローワークに法人設立の届け出をすれば、設立後3カ月以内に支払った経費の3分の1（上限200万円）が支給されます。最寄りのハローワークが窓口となっているので、詳しくはそちらで確認してください。

■自治体の融資制度
大阪府　大阪府商工労働部金融室（http://www.pref.osaka.jp/kinyu/index.html）まで。
東京都　東京都開業労働局金融部金融課（http://www.sangyo-rodo.metro.tokyo.jp/kinyu/yuushi/index.html）まで。

■厚生労働省のその他の創業支援
「地域創業助成金」…地域に貢献する事業を行う法人または個人事業で、再就職を希望する65歳未満の者を2人以上雇用した場合に受けられる。
「高年齢者等共同就業機会創出助成金」…45歳以上の人が3人以上で共同して事業を開始し、継続的な雇用・就業の機会を設けている場合に受けられる。
受給要件、金額などの詳細は、厚生労働省の創業支援ページ（http://www.mhlw.go.jp/general/seido/josei/kyufukin/b-top.html）を参照。

国民生活金融公庫の融資制度

主な融資制度

新規開業資金		
融資対象	新規開業者 雇用の創出を伴う事業を始める方など	
使用使途	運転資金	設備資金
融資限度額	4800万円以内	7200万円以内
返済期間（うち据置期間）	5〜7年以内（6カ月〜1年以内）	15年以内（3年以内）
融資利率※	基準利率	基準利率、特利C

女性、若者／シニア起業家資金		
融資対象	女性または30歳未満か55歳以上の方で、新規開業する方	
使用使途	運転資金	設備資金
融資限度額	4800万円以内	7200万円以内
返済期間（うち据置期間）	5〜7年以内（1年以内）	15年以内（2年以内）
融資利率※	基準利率	基準利率、特利A、B、C

※詳しくは国民生活金融公庫（http://www.kokukin.go.jp/）まで。

申し込みから返済までの流れ

相談 1
全国に152店舗の支店がある。最寄りの支店で融資制度、利率、返済期間などを相談しよう。

申し込み 2
借入申込書や開業計画書など、必要書類を用意して融資の申し込みをしよう。

面談 3
事業計画などについて面談。計画書や資産、負債のわかる書類を準備。店舗の実地調査があることも。

融資決定 4
融資が決定すると書類が送られてくる。手続き完了後に、指定講座などへ融資金が振り込まれる。

返済 5
月払いが基本。元金均等返済、元利均等返済などの方法から選択。

身内からの借り入れにも借用書を忘れずに

公的機関の融資でも、条件が満たされない場合、開業前にお金が降りなかったり、希望通りの金額が借りられないことも。そんなときは、しばらくの期間のつなぎとして、親戚などからお金を借りてもいいだろう。

自己資金とは、現金化できる資産のことで、現金や有価証券などのことを指す。土地や建物は売却しない限り、客観的な金額の判断がつかないため、自己資金ではなく担保として扱われる。

親や親戚から集めたお金は、もらった場合は自己資金になるが、基本的には調達資金として扱われる。ただし親だからといって、返済をそのままにしておくと、贈与とみなされ贈与税がかかる場合があるので注意。借用書や振込証明書などの書類はきちんと保管しておくことが大切だ。

実践的アドバイス part4

開業計画書を書いて、お店の将来を見つめよう

開業計画書は、融資先への提出用の資料としてだけではなく、自分とスタッフのモチベーションを維持するため、また、経営がうまくいかなかったとき、修正を図る際のヒントとなるもの。きっちりとできるだけ具体的に作成し、よりよい運営に役立てよう。

②

〔平成○年○　月○　日作成〕

3　必要な資金と調達の方法

	必要な資金	金額	調達の方法	金額
設備資金	店舗、工場、機械、備品、車両など (内訳) ・内装工事費 （○○社見積のとおり） ・保証金 ・厨房設備類（○○社見積のとおり） ・備品類 （○○社見積のとおり）	600万円 300 100 150 50	自己資金	200万円
			親、兄弟、知人、友人等からの借入 (内訳・返済方法) ・父より借入 2万円×50回（無利息）	100万円
			国民生活金融公庫からの借入 元金3万円×100回（年○.○%）	300万円
運転資金	商品仕入、経費支払資金など (内訳) ・仕入、運転資金など	200万円 200	他の金融機関等からの借入 (内訳・返済方法) ・○○銀行より借入 元金4万円×50回（年○.○%）	200万円
合計		800万円	合計	800万円

4　開業後の見通し（月平均）

		開業当初	軌道に乗った後 (○年　○月頃)	売上高、売上原価（仕入高）、経費を計算された根拠をご記入ください。
売上高①		104万円	124.8万円	<創業当初> ①客単価800円、客数1日50人、月26日営業 800円×50人×26日＝104万円 ②原価率30% 104万円×0.3＝31.2万円 ③人件費1時間800円、5時間／1日 800円×5時間×26日＝10.4万円 家賃15万円 支払い利息（内訳） 300万円×年○.○%÷12カ月＝○万円 200万円×年○.○%÷12カ月＝○万円 計2万円 その他リース料、光熱費、通信料など11万円
売上原価② (仕入高)		31.2万円	37.44万円	
経費	人件費(注)	10.4万円	13.4万円	
	家賃	15万円	15万円	
	支払利息	2万円	2万円	
	その他	11万円	16万円	<軌道に乗った後> ①開業時の1.2倍は可能（勤務時の経験から） ②当初の原価率を採用 ③売上の増加に伴い人件費3万円、 その他諸経費5万円増加
	合計③	38.4万円	46.4万円	
利益①−②−③		34.4万円	40.96万円	(注) 個人営業の場合、事業主のぶんは含めません。

ほかに参考となる資料がございましたら、計画書に添えてご提出ください。(国民生活金融公庫)

※①および②の用紙ともにご記入のうえ、支店の窓口へご提出ください。

6. 必要な資金

店舗取得費や内装工事費だけでなく、厨房設備やショーケース、冷蔵庫、什器、消耗品・備品類などの商品名や型番など、できるだけ具体的に記入する。「設備資金」は別途見積書をつけること。

7. 資金調達の方法

自己資金には、開業にあてることのできる費用を記入する。融資制度によって違ってくるが、自己資金として確保しておく目安は、国民生活金融公庫の場合は、開業費用の5割以上。つまり借入希望額と同額以上の自己資金が望ましいということ。親族や知人から借りたり、ほかの金融機関から融資を受けている場合は、その内訳と返済方法を具体的に記入する。

8. 開業後の見通し

売上高、売上原価、経費など、開業後に想定している見通しを、「開業当初」と「軌道に乗った後」に分けて記入。原価率は総菜店の目安とされる30〜40％を基準に計算。

9. 見通しの根拠

客単価、1日の客数、月の営業日数、経費や利息など、見通しの根拠となる数字を具体的に記入。「軌道に乗った後」では、開業当初の何倍の売り上げが可能かを根拠を示して記入し、売上増に伴う人件費、その他経費の増加分もきちんと計算する。

1. 開業の目的、動機

「働く女性の味方になりたい」「駅の近くに理想の物件が見つかった」など、動機はなるべく具体的に書く。自分の思いを伝えるためにも、教科書通りの書き方ではなく、自分の言葉で表現することが大切。

2. この事業の経験

総菜店や飲食店で働いた経験がない人は、知識や技術の習得までの経緯を明記しよう。現在就業中の人は、退職予定の日付も記入する。

3. 商品、サービスの説明

揚げ物、煮物、焼き物など、どんな総菜をどれだけ扱うのか、また、それぞれの価格帯はどれくらいかを記入する。

4. セールスポイント

お店の特徴や独自性、コンセプトなどのほか、自分の性格や過去の実績などをアピール。他店と比べてどれほどオリジナリティがあるのか、地域にどのように密着していくのかなどお店の魅力を伝えよう。

［記入例］

①

開業計画書

お名前　○○ ○○

・お手数ですが、可能な範囲でご記入いただき、借入申込書に添えてご提出ください。
・お客様ご自身が開業計画書を作成されている場合は、この書類に代えてご提出ください。

1 事業内容など

業種	総菜の製造、小売業	開業予定時期	平成 ○ 年 ○ 月
開業されるのは、どのような目的、動機からですか。	・自分の経験を生かしたい ・かねてから自分の店をもつことが夢だった ・駅の近くによい店舗が見つかったため		
この事業の経験はありますか。（お勤め先、経験年数、お持ちの資格など）	・○○専門学校（料理学校）卒 ・レストラン○○（フレンチレストラン）に5年勤務 ・ペンション○○を5年間経営 （現在の月給30万円）		
お取扱いの商品・サービスを具体的にお書きください。	・冷製総菜は○○を中心に常時○種類ほどそろえる （価格○～○円/○g） ・温製総菜は○○を中心に常時○種類ほどそろえる （価格○～○円/○g） ・総菜の組み合わせによる弁当類も販売（価格○～○円）		
セールスポイントは何ですか。	・都内ではまだあまり普及していない○○スタイルの総菜を提供 ・コンビニ並の価格で、素材と手づくりにこだわった総菜を提供 ・店頭、店内にイートイン・スペースを設け、散歩の途中などに気軽に利用できるようなお店づくりをする		

2 ご予定の販売先・仕入先

販売先	一般個人（○○駅利用者中心）	仕入先	スーパー○○（○○市） ○○商店（○○市）

5. 販売先、仕入先

「販売先」には「一般個人」と記入し、さらに「○○駅利用者中心」や「地元で一人暮らしをするサラリーマン」など、顧客ターゲットを記入しよう。「仕入先」には会社名と所在地を記入。まだ決まっていない場合は、そのあとに「予定」と入れる。

収支計画をきっちり立て、お店の運営方法に役立てよう

「開業計画書」にある「開業後の見通し」という項目は、収支計画に無理がないかどうかを見極めるためのものです。

客単価と客数を設定し、曜日ごと、時間ごとの売り上げを想定します。金額は全商品の平均でかまいませんが、できれば商品ごと、総菜やパスタ系など種類で分けて計算したいところです。イートインを設けているのであれば、席数と稼働率、回転数も含めて計算します。

収支計画は、融資先への資料という役割を担う一方、どれだけ売り上げがあればお店が維持できるのかという指標にもなります。

融資先に提出するための、妥当な数字を示した計画書とは別に、自分やスタッフ用として、目標とする売り上げや赤字にならない最低ラインの売り上げを記した見本を、1通つくっておくといいでしょう。

◉デリカフェA店の売り上げ予測

サンドイッチ、デリを中心に、イートインもテイクアウトもできるお店。郊外の私鉄沿線にあり、店舗の広さは10坪、テーブル15席を設置。

平日	客単価	客数	売り上げ
開店～午前中	600円	10人	6000円
ランチタイム	700円	25人	1万7500円
午後～夕方	800円	30人	2万4000円
合計		65人	4万7500円

休前日	客単価	客数	売り上げ
開店～午前中	600円	10人	6000円
ランチタイム	700円	25人	1万7500円
午後～夕方	800円	20人	1万6000円
合計		55人	3万9500円

休日	客単価	客数	売り上げ
開店～午前中	600円	5人	3000円
ランチタイム	700円	10人	7000円
午後～夕方	800円	10人	8000円
合計		25人	1万8000円

月間売上	日数	
平日	16日	76万円
休前日	4日	15万8000円
休日	4日	7万2000円
合計	24日	99万円

平均日商	（月売上÷24日）	4万1250円
年商	（日商×288日）	1188万円

売り上げを分析して効率的な経営をしよう

より効率的な運営をするためには、売り上げの分析が必須です。メニューや素材のバリエーションが大切な総菜店は、季節や旬によって使用する素材が変わってきます。また、日替わりメニューやお勧めセットなど、メニューの入れ替えも頻繁にあります。そのため、できれば1週間ごと、最低でも1カ月ごとに売り上げ分析をしましょう。

売り上げ分析をすることで、たとえば、揚げ物が売れない夏はさっぱりとしたサラダ類を増やしたり、お客さまの少ない時間帯は思いきってクローズしたりなど、売り上げをアップさせるにはどうしたらいいかということが見えてくるはずです。

メニューによって売れ行きに差がある場合

- 色合いや味の組み合わせを考えて陳列場所を変えてみる。
- 夏はサラダや酢の物、冷製の総菜などを多くする。冬には揚げ物や煮物など、つねにアツアツで提供できるようにする。
- お客さまが多い時間帯に合わせて出来上がるように調理する。

曜日、時間によって売り上げに差がある場合

- 周辺に学生や1人暮らしの若者が多いなら、夕食用の総菜を増やし、夕方にできたてを提供する。オフィス街なら、ランチタイムのメニューを充実させる。
- 営業日、営業時間を変えてみる。
- 気温が高い日は冷製総菜を増やす。雨の日は「雨の日セール」を行うなど、当日の天候を考慮したメニューを考える。

集客が少ない場合

- 主婦が多いなら調理に時間のかかる煮物系を増やす。独身男性が多いなら揚げ物などボリュームのあるものを増やすなど、客層に合った品ぞろえを考える。
- オリジナル商品、季節の総菜、地元の素材を使ったメニューなどをつくる。
- 味つけ、品ぞろえを再考する。
- 広告、宣伝でもっとお店をアピールする

開業に必要な手続きと、個人・法人事業の違いを確認しよう

お店をはじめるには、各機関にさまざまな申請や届け出が必要。個人か法人か、また開業する場所などによっても内容は違ってくる。面倒なこともあるかもしれないが、自分に必要な手続きを確認し、期限に遅れたり書類に不備があったりしないよう、しっかり対応しよう。

保健所や税務署など開業の手続きはさまざま

総菜を製造・販売するには、食品衛生法で定められた営業許可が必要になります。

申請書類は、工事の竣工あるいはお店のオープンの10日～2週間前までに保健所に提出します。このとき、食品衛生責任者の資格を証明するものが必要になります。この資格は、保健所や食品衛生協会が主催する講習会を1日受講すれば取得できます。

なお、総菜以外にビールなどの酒類を提供する場合は、「一般酒類小売業免許」を取得しなければなりません。これは所轄の税務署に申請書類を提出し、申請者や申請販売場が要件を満たしていた場合に付与される免許です。細かい要件などについては、国税庁のホームページで確認しましょう。

そのほかにも、開業日から1カ月以内に「開業届出書」と「給与支払事務所等の開設届出書」（スタッフを雇う場合）を、2カ月以内に「青色申告承認申請書」（青色申告を希望する場合）などを税務署に提出しなければなりません。

個人でも法人でも保険や年金なども忘れずに

各市区町村では、保険関係の手続きが必要になります。個人事業の場合は国民健康保険と国民年金の手続きをすればOK。ただし、個人で5人以上のスタッフを雇う場合は（法人の場合1人以上）、健康保険と厚生年金の加入が義務となっています。

法人の場合は、さらにスタッフの採用日から10日以内に労働者災害補償保険（労災保険）の手続きを、労働基準監督署で行わなければなりません。

また、個人・法人に限らず、所得税や住民税、事業税を支払う義務も生じます。年間の売り上げが1000万円以上の場合は、その2年後から消費税も申告・納付しなければならないので、注意が必要です。

■青色申告
事業所得や不動産所得、山林所得の生じる人が、税法に従って、正しく所得や税額を計算し、自ら申告・納税する制度。毎日の経費や所得などを一定の要件を満たした帳簿に記載し、その帳簿にもとづいて青色の書類で申告する。所得税の一定額控除など、数々の特典を受けられる。

開業時に必要な書類

届出先	提出する書類
保健所	営業許可申請書、設備の大要・配置図（各2通）、食品衛生責任者の資格を証明するもの、申請手数料など※1
税務署※2	**個人所業の場合** 開業届出書、青色申告承認申請書（青色申告を希望する場合）、青色事業専従者給与に関する届出書（家族を従業員として雇う場合）、給与支払事務所等の開設届出書（従業員を雇う場合）など **法人事業の場合** 法人設立届出書、青色申告承認申請書（青色申告を希望する場合）、棚卸資産の評価方法の届出書、減価償却資産の償却方法の届出書、給与支払事務所等の開設届出書など
消防署	防火対象物使用開始届出書、防火対象物の案内図・配置図・平面図、消火器や避難器具などの配置図※3
警察署（公安委員会）	深夜酒類提供飲食店営業開始届出書（イートインなどで深夜12：00～日の出までの時間帯に酒類を提供する場合）

※1　法人で申請する場合「法人登記簿謄本」が必要。タンクの水や井戸水などを使用する場合は「水質検査成績証明書」が必要
※2　酒類の小売りを希望する場合、一般酒類小売業免許の取得申請をし、審査に受かることが必要
※3　いずれも通常は施工業者などが提出する

個人と法人の税金

	所得税	住民税	事業税
個人事業の場合	お店の所得に応じて課される国税	都道府県民税や市町村民税（東京23区では特別区民税）。所得や地域によって異なる	事業によって得る所得金額または収入金額を課税標準として課される都道府県民税
法人事業の場合	法人の所得などに課される国税。法人税という	法人に対する都道府県民税や市町村民税（東京23区では特別区民税）	法人が行う事業に対して課される都道府県民税

民間の保険もチェックしておこう

お店の運営にはさまざまなトラブルがつきもの。とくに店内で調理をする場合、火事や出水などのリスクはつねに伴う。また、お客さまの衣服を汚してしまったり、什器や設備を盗まれてしまったりする可能性もある。

そんな万が一の事態に備えるためにも、民間の保険会社が提供している「店舗総合保険」（会社により呼び名は変わる）はチェックしておきたい。一般的に、ここに挙げたような損害はすべて補償してくれるし、地震や台風などの自然災害による損害も補償してくれる保険もある。

会社によって補償の内容や金額などは変わってくるので、自分に合った保険を探してみよう。

実践的アドバイス part5

商品を上手に売るための7つの「感覚」とは？

自分ではおいしいと思っている総菜でも、
評判が上がらなかったり、売れ残ったりすることはよくあること。
そんなときは、ここに挙げた7つの要素を参考に、
どうすれば売れるかを、冷静に分析してみよう。

季節感

頻繁に足を運んでもらうためには、毎日の献立を提案することが重要です。季節の素材を使えば、それだけで食欲をそそります。たとえば、春には菜の花の和え物やタケノコご飯、夏は夏野菜のカレーや焼き浸し、秋はキノコと豆のサラダやさんまの塩焼き、冬はブリ大根やカキフライなど。こうした旬のメニューを、毎日全体の1～2割は入れ替えて、お客さまを飽きさせないようにしましょう。

Point
仕入れ先の動向やインターネットなどをチェックして、日頃から季節に敏感になっておこう。

地元感

リピーター客を獲得するためには、その地域のニーズにあったメニューを提供することも必要です。たとえば味噌にも赤味噌、白味噌、合わせ味噌、八丁味噌などがあるように、調味料や味つけは、その土地ごとに特徴があるもの。慣れていないものは受け付けないという人も少なくありません。地域特有の食材や調味料、味つけなどを勉強して、自分流にアレンジしてみましょう。

Point
地域のお店を回ったり積極的にコミュニケーションをとるなどして、情報を仕入れよう。

手づくり感

デリのいいところは、店内で調理したものをすぐに提供できること。そのため、揚げ物や焼き物などは、なるべくピークタイムに出来上がるような手順でつくることが重要です。時間を惜しむあまりに冷凍ものばかり使っていては、お客さまはすぐ気付いてしまいます。

また、焼き物にレモン、煮物に針生姜や木の芽を添えるなど、もうひと手間加えてあげることで、手づくり感を出すとともに食欲をそそることもできます。

Point
季節や曜日もふまえて、一番いい状態で提供できるように手順を書き出してみよう。

お手軽感

総菜は毎日食卓にのぼるものですから、手軽な値段が喜ばれるのは当然。2～3種類の総菜を買っても、1000円以内でおさまるような値段に設定したいところです。

原価の関係でどうしても高くなるなら、ネーミングや素材の組み合わせなどで商品自体の魅力を上げ、お得感を出し、割高な印象を与えないように。スペースに余裕があれば、イートイン・コーナーやベンチを設けるのも手です。散歩途中のお年寄りや、部活帰りの学生が気軽に立ち寄ってくれるようになります。

Point

値段設定は原価だけで決めるのではなく、周辺の相場やお客さまの声も参考にしよう。

安心感（添加物、アレルギー）

できるだけ添加物が入った食材は使わないようにしたいものですが、もし使う場合は、POPに表記したり、ひと声かけたりして、お客さまが安心して買い物できるように心がけましょう。卵、牛乳、小麦、そば、落花生に関しては、食品衛生法により、表示が義務づけられているので注意が必要です。また、オープンキッチンにするなど、お客さまとコミュニケーションをとる工夫も重要です。誰がどのようにつくっているのかがわかり、安心感につながります。

Point

押し付けがましい説明はNG。さり気なく、しかしきちんとした説明を心がけよう。

バランス感

メニューは少ないより多いほうがいいのは当然ですが、あまり多すぎても、お客さまは迷ってしまいますし、つくる側の手間も多くなります。質を落とさず、お客さまが選ぶ楽しみを味わえる自分なりの量を見極めることが大切です。

メニュー構成でいえば、野菜や肉・魚・豆類などの素材、揚げ物・煮物、焼き物・サラダなど料理の種類、そして盛りつけ・色合いなどの見た目をそれぞれバランスよく提供することが大事。食欲を満足させるだけでなく、買い物をする楽しみを提供することも必要なのです。

Point

こまめに売り上げ分析をして、質を保てるメニュー構成のバランスを見極めよう。

清潔感

総菜店に限らず、飲食店は清潔感が大切。ショーケース、壁や床はもちろん、看板や店の前の道路、スタッフの服装などはつねに清潔にしておく必要があります。とくに量り売りなどのセルフサービスのコーナーでは、ソースが飛び散っているだけで嫌悪感を抱く人がたくさんいます。トングや秤、容器などはこまめにチェックして、つねに清潔にしておくことが重要です。

Point

売り場に洗面台やおしぼりを用意するのもいい。スタッフの服装はできればおそろいのものに。

COLUMN

「ハンドメイド」はお店づくりの醍醐味！

建築デザイナーや設計会社に依頼すれば、お店はおしゃれにも、
使いやすくもなる。しかし、プロに頼むにはやはりお金が必要。
限られた予算だから、少しでも節約するべく、自分で手づくりするオーナーも多いのだ。
コストダウンだけでなく、思いを込めて味わいのあるお店づくりをしよう！

手づくりするなら その効果も考えて

もとはアンティークショップだった物件を、あまりお金をかけずイートインもできるデリのお店にした「HAPPY DELI」（P018）。厨房機器は中古品でそろえ、カウンターのペンキ塗りやロゴマークづくりはオーナーの高橋さんの手によるものです。

コストダウンとともに大切なのは、中古品や手づくりしたものを店内でどう生かすかです。「HAPPY DELI」では入り口近くのショーケースからレジカウンターまでの高さを統一することで、空間の広がりを感じさせる効果を生んでいます。大きな窓からの眺めも手伝って、お客さまを開放的な気分にさせるポイントといえるでしょう。

また、居抜きで譲り受けたデリカフェのテーブルやイス、什器などをそのまま使用しているという「biji」（P054）でも、壁のタイル張り、ペンキ塗りだけでなく、キッチンカウンターやウッドデッキ、看板などを友人に手伝ってもらってつくりました。

野菜をたっぷり使ったエスニック料理のお店らしく、アジアの街角にある食堂のような雰囲気のなか、使い込んだインテリアや手づくりならではの味わいが居心地の良さとなり、夜遅くまで女性客で賑わっています。

❶狭いが居心地のいい「biji」のウッドデッキ。❷移動屋台の「Yummy-E」は中古車を改造。❸パソコンのフォントを利用してつくった「HAPPY DELI」のロゴ。

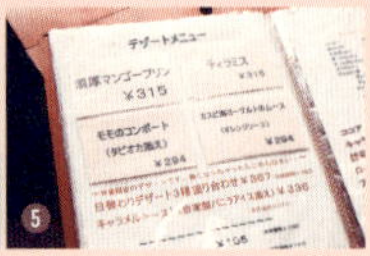

メニュー表：❹和紙の手触りがいい「おにぎり田田」。❺「Open Oven」はファイルのポケットにカードを差し込んで。❻写真入りで選びやすい「みどりえ」。

お店を利用する 客層に好まれることが大事

内装やインテリアを手づくりする際、気をつけたいのは、お店のコンセプトやターゲットとする客層の嗜好に合っているかという点です。いくらお金をかけずにお店ができたとしても、利用してもらう人に好まれなければ逆効果になってしまいます。

また、良くも悪くも自分のセンスが表れるので、知り合いの器用な人に手伝ってもらうのもいいでしょう。手づくりの料理を提供するお店では、素人らしさの残る気取りのなさが好まれる傾向もあります。

もちろん、どうすればお客さまの目を引くか、選びやすいかなども考え合わせることが大事です。

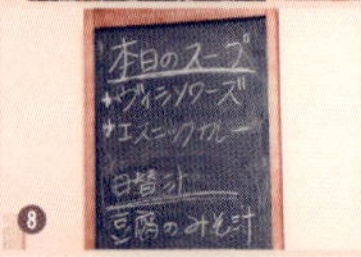

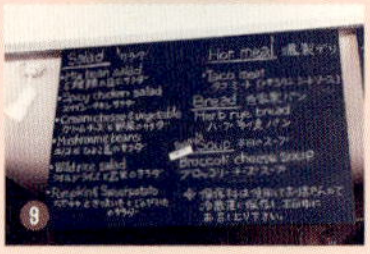

黒板の使い方：❼「biji」はイラスト入りで楽しく。❽「ウーラン」のシンプルな黒板は日替わりメニューの書き換えに便利。❾「HAPPY DELI」はベニヤ板に黒板用の塗料を塗って、大型のメニューに。

第5章

注目されるためのお店の条件

オープン直前！
これだけはやっておこう

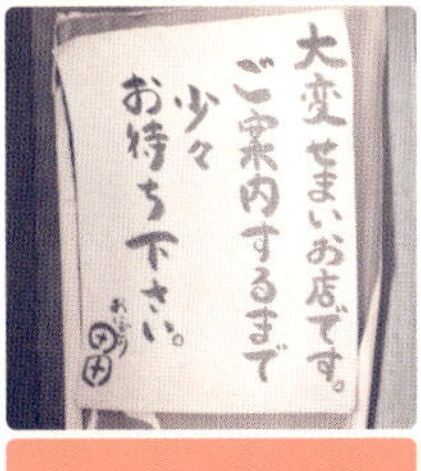

いざ本番を迎えたとき、
思わぬ問題が起こることもあります。
あわてず、冷静に対処できるよう、
事前の練習はきっちり行うこと。
準備が整えば、自分を信じるだけ。
思いきってスタートを切りましょう。

自分のお店に合った1日の時間を考えよう

ランチや夕食、お酒のおともなど、総菜はいろんな場面で求められる。そのため、1日をどのように使うかによって、客足に差が出ることも。立地やメニュー、客層など、お店の状況を把握し、もっとも効率的な時間の使い方を考えてみよう。

客層、時間帯によって求められる総菜は違う

　営業時間は、お店の形態や客層などによって変わってきます。とくにデリの場合、ご飯やお弁当のおかずとして、おやつ代わりに、あるいはお酒のつまみとしてなど、時間帯によってお客さまの目的も違います。ですから、客層に合わせた営業時間や1日の使い方が重要になってくるのです。

　時間ごとの客層を見てみると、午前中は、朝早い年配のお客さまや出勤前のビジネスマン、ランチタイムはOLやサラリーマン、午後は主婦や学生、夕方は年齢、性別を問わず幅広い客層、夜は残業帰りの会社員がメインになります。これらを基準にして、1日の流れを考えていきます。

ピーク時に合わせてできたてを提供

　開店時には、パンなどの朝食用メニューと、ある程度の定番商品があればOK。調理に時間がかかるもの、長持ちするものは、開店前から仕込みはじめます。

　開店後は、ランチのお客さまに向けた総菜、弁当を用意します。揚げ物、焼き物、スープなどは、ちょうどお客さまが来るころに仕上がるようにしましょう。この時間帯にはある程度の商品がそろうようにします。

　ランチタイムが終わったら売れ行きをチェックし、つくり足すものと売り切るものを見極めます。時間を見つけて次の日のメニューを考え、買い出しや下ごしらえもはじめます。

　夕方は、夕食のおかずになるようなものを用意。1人暮らし用、2～3人用など、幅広い客層に配慮して、分量の融通を利かせましょう。当日分の調理はこの時間帯で終了するようにします。サラダなどの生ものはつくりすぎず、閉店まで鮮度を保てるような商品を多めに用意しましょう。

■ピークタイム
　お店がもっとも混雑する時間帯のこと。デリの場合、ランチタイムの11時～13時、夕方17時～19時の2つのピークタイムがある。
　この時間に合わせて商品を提供するのが一番効率的。できたてや種類、数が多くそろうように準備していこう。

第5章

お店の形態による１日の流れ

	総菜店	デリカフェ	移動型
午前中	・年配の人向けに和風総菜を提供。商品は5〜6割がそろうようにしておく。時間のかかる総菜は早めに仕込みを開始。 ・長持ちするものや定番商品は、時間を見つけてこまめに提供。	・朝食にパンやサラダ系を提供。 ・ドリンクセットなどのモーニングメニューがあるといい。 ・スモークサーモンや葉もの系など、長持ちしないものは少量ずつ提供。	・時間のかかるものや長持ちするものは事前に仕込んでおく。 ・現地で調理する場合は、仕上げですむように準備しておく。 ・出店場所に着いたら販売のための用意を万全にしておく。
ランチタイム	・ご飯もの、パスタなどのメニューをアツアツで提供できるように調理する。丼ものや総菜パンなども用意。 ・揚げ物、サラダ、点心など小分けにした総菜があるといい。	・ご飯もの、パスタ、麺類やサンドイッチなどを用意。 ・イートイン用のプレート、テイクアウトの容器などを確認。 ・混雑を避けるならパッケージして販売する手もある。	・時間と手間を省くため、必要な容器、道具などは手元に用意。 ・ご飯やスープなどは、注文を受けてから盛るようにしたい。
午後	・お金の計算やお釣りの準備はしっかりと。 ・揚げ物やコロッケなど、おやつ感覚の商品を用意。 ・空き時間を見て、翌日の買い出しや仕込みをはじめる。	・ケーキやデザートなど、ティータイム用のメニューを提供。 ・時間を見つけて翌日の買い出しや仕込みをはじめる。	・夕方以降の下準備や次の場所への移動などで、一時閉店する場合も。
夕方	・肉、魚など夕食の主菜をメインに、できたてを用意。 ・１人暮らしにも家族にも対応できるように、量り売りや小分けした容器などで融通を利かせる。	・夕食時に合わせて、できたてやアツアツの総菜を用意。 ・アルコール類を出す場合は、肴になるようなものをメインにメニューを切り替える。	・午後に夕食用の総菜、お弁当を再度仕込む場合は、夕方のピークに提供できるように。 ・売れ残りを避けるため、つくり過ぎには注意。
夜	・お酒のつまみ、翌日のお弁当用のメニューを提供。 ・ミニ丼や麺類など夜食用のメニューもそろえておきたい。	・前菜やタパスなどのお酒のつまみになるようなものをそろえる。 ・翌日の朝食やお弁当用のパン、サンドイッチなども用意。	・基本的には暗くなるまでの営業がベター。 ・夜に営業する場合は、夜食やつまみ系を多くそろえておく。

休日を設けて健康の維持・管理を

全国チェーンのお弁当屋さんや総菜店では、24時間営業で年中無休というところも少なくない。だが、個人で開業する場合は、きっちりと定休日を設けることも必要だ。

まるまる1週間働きづめでは体力がもたないし、疲れてフラフラの状態では、味つけにも影響しかねない。また、曜日によっては集客が望めない日もあり、そんなときに営業しても、経費のほうが高くつくなんてことにもなる。

そのため、定休日はおよそ週に1度、一番客足が少ない曜日に設定するのがセオリー。オフィス街や学生街なら日曜日、商店街なら週はじめが、一般的に人通りの少ない曜日だ。

もちろん場所によっても変わってくるので、定休日はオープン後、しばらく様子を見てから、決めるなり変更するなりしてもいいだろう。

自身の健康を維持して、おいしいものを長く提供し続けることが、何より大切なのだ。

効果的な告知方法で多くの人にお店を知ってもらおう

お客さまに来てもらうためには、お店の存在を知ってもらわなければならない。そのためには、広告や宣伝など、お店を告知する必要がある。さまざまな告知方法の中から、予算や効果などを見極め、自分に合ったものを選んで、多くの人にアピールしよう。

種類、コスト、告知エリア…告知方法は多種多様

たくさんのお客さまに来てもらうには、まずお店を知ってもらうことが必要。そのためには、効果的な告知方法を選ぶことが重要になります。

最初の告知は、お店の工事期間からはじめます。工事している物件というのは、誰でも思わず気になってしまうもの。店頭に「洋風総菜店○○」「○月○日オープン！　できたての総菜をお召し上がりください」など、わかりやすい張り紙や看板を出すことで、道行く人にアピールできます。

オープン前後は、さまざまな媒体を使って告知します。

たとえば、新聞の折り込み広告は、コストがかかりますが、1軒1軒お客さまの手元まで確実に配られます。日にちや配達エリアを指定することができるのも魅力です。

同じくコストはかかりますが、フリーペーパーに広告を掲載する方法もあります。種類は豊富で、なかには何十万部も発行しているものもあり、多くの目に触れるチャンスがあります。ただし、配布エリアを指定できない、競合店が多く掲載されているなどデメリットも。

また、ホームページやブログをつくって告知する方法なら、低予算でできます。検索サイトなどに登録すれば、より多くのアクセスを期待できます。

ポスティング用のチラシは、パソコンで自作すれば、コストは印刷代のみ。投函エリアやチラシの枚数は、自分の好きなように調整できます。

意外に効果大なのが、近所へのあいさつ回り。手軽なデリや総菜は、いまや毎日の食卓に欠かせないもの。地元のお客さまを獲得することが、安定した売り上げをあげるポイントにもなります。チラシやショップカードのほか、試作品も持参して、どんなお店なのかをしっかりアピールしましょう。

■自分でデザインする場合

たとえば手書き文字にすれば、手づくり感や地域密着の雰囲気をアピールできる。スタイリッシュなデザインなら、イタリアンやフレンチのような本格的な雰囲気を演出できる。白黒にするかカラーにするか、写真を入れるかどうかでも、雰囲気はぐっと違ってくる。

いずれの場合も、安っぽくなく、お客さまに敬遠されないよう、慎重につくっていくことが大切だ。

これからは、こんな宣伝が有望！

新聞折り込み

デザインやサイズ、枚数など、意外と自由度は高い。日にちや配達エリアの指定も可能。それぞれの家庭にきっちり届く確実性も魅力。配達エリアのシェアをチェックして、どの新聞へ折り込むかを選ぼう。

フリーペーパー

地域、沿線などによってさまざまな種類がある。発行部数は多いが、そのぶん掲載料も高く、数万～数十万円になる。女性客にアピールするためには、それなりの効果は見込めるが、競合店の掲載も多く、掲載しても目立ちにくい場合もある。

ホームページ、ブログ

飲食店専門の検索サイトに登録すれば、より高い広告効果が期待できる。検索されやすいキーワードをタイトルやトップページに書き込んでおけば、検索結果で上位にヒットする確率がアップ。

チラシ

お客さんとするエリアを選んで投函できる。チラシはパソコンで自作すればコストはほとんどかからない。もちろんデザインも枚数も、自分の思うようにできる。広告を印刷したポケットティッシュならより効果的。

あいさつ回り

チラシや試作品などをもって、どんなお店なのかをアピール。あいさつはもちろん、普段から近所付き合いをしっかりして、地元のリピーターをたくさん獲得しよう。

看板、POP

店頭の看板やPOPは、通行人へのアピールとして有効な手段。日替わりやお勧めのメニューを書き込めば、人々の興味をそそる。写真やイラストを交えるのも効果的だ。

告知にかかる費用はどれくらい？

新聞の折り込み広告の場合、「折込料」に加え、「制作費」「デザイン費」「印刷費」なども必要。取り扱う会社によって違うが、東京都の場合、全国紙の折込料は1枚3～4円が目安。制作費やデザイン費は、自分でつくれば必要ない。印刷費は会社、印刷枚数などで変わるので、ホームページなどで確認しよう。

フリーペーパーは発行部数にもよるが、全国で数百万部にも上る某大手誌は、18分の1ページでおよそ5万円、1ページだと80万円以上する。

また、ポケットティッシュの場合、一般的なもので、印刷代と商品代を合わせて1万～3万円程度（4色1000部）。デザインは、自分で持ち込んでもいい。

ホームページやブログの場合、プロバイダ料金のみでもつくることができるが、本格的にしたいなら、デザインソフトやサーバーレンタル費などが余計にかかる。

コストと効果を考え、自分に合った方法を選択しよう。

デリ＆お弁当の"本日のおススメ　豆知識"part3

「おいしい！」をわかりやすく伝えるには

おいしいと思えば、お客さまはきっとまた来てくれるはず。
そのためには、まず買ってもらうことが必要になる。
どうすればお客さまにおいしさを伝えることができるか、
さまざまな方法を検討し、アピールしていこう。

●おいしさをよりわかりやすく伝えるためのポイント

見た目、彩り

料理は舌だけでなく、目でも楽しむもの。
鮮やかな野菜の彩り、
ボリューム感のある盛りつけなど、
つねに見られることを意識しよう。
また、素材、味つけ、分量など、
さまざまなバリエーションを用意して、
選ぶ楽しみを提供しよう。

できたて感

まずはピーク時にアツアツを提供できる
手順を考えることが重要。
おにぎりやサンドイッチは、
トレイに盛りつけてできたて感を演出。
手間を惜しまなければ、
少しずつ調理することで、
より多くの人に
できたてを提供できる。

対面式ショーケース

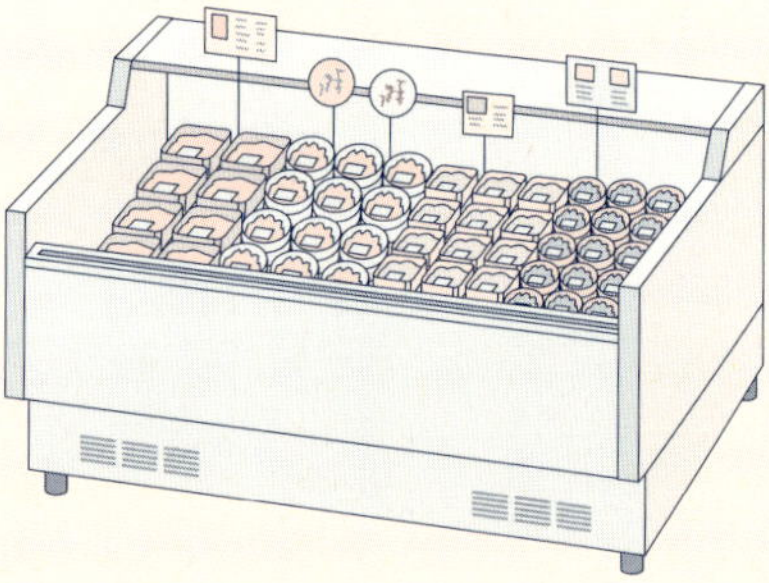

アイランド型オープンショーケース

コミュニケーション

メニューによっては、長持ちしないもの、
すぐに食べてほしいものがある。
いつまでに食べてほしいとか、
保存する場合の方法などを説明して、
できるだけいい状態で食べてもらうよう
配慮することも大切だ。
説明はくどくならないよう
注意しよう。

陳列、容器

広いスペースにポツポツと並べても
おいしそうに見えない。
容器の形や模様がバラバラでも同じだ。
また、色合いごとに並べればきれいだが、
違いがわかりにくいという難点もある。
できれば色味が異なるものを
隣に並べるようにするなど
工夫が必要だ。

●これらのツールでおいしさをアピールしよう！

メニュー表

メニュー表には名前や値段だけでなく、お勧め商品や容器の大きさ・種類などを記載。イラストや写真などでアピールするのも◎。店頭や入り口扉、また、レジカウンターの上などに設置すれば、商品の前に人だかりができるのを防げる。

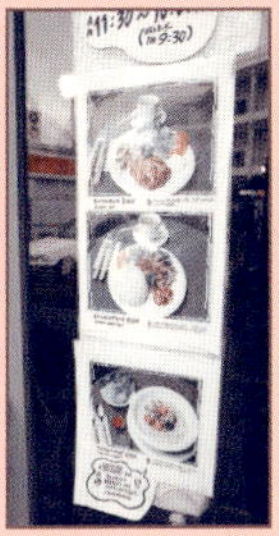

写真入りのメニュー表は珍しくないが、「Falafel Garden」のように大きく見せると印象も強くなるはず。

POP

食材、調味料、カロリー、消費期限、アレルギー素材の有無、食べ方の提案などを盛り込む。スペースがあれば素材の写真やイラストなどで華やかに。手書きのほうが手づくり感が伝わりやすいが、メニューやお店の雰囲気によって使い分けよう。

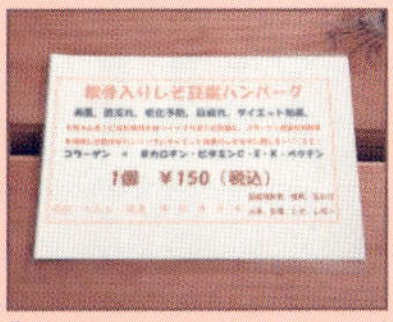

「美肌＆ヘルシー」をコンセプトに掲げる「ウーラン」では、使用素材や栄養素のほか、星の数でヘルシー効果を見せるなど遊び心も。

ディスプレイ

ナプキンの上にサンドイッチを、笹の葉の上におにぎりを並べるなどで、季節感やおいしさをよりアピールできる。店内に採れたて野菜や花を飾るのも効果的。ワインのボトルや食器を一緒に並べるなど、食べ方を提案するようなディスプレイもいい。

「おにぎり田田」のオーナーは、お店づくりを自分スタイルで表現。壁の植物や和紙などをあしらい、味わい深い。

パンフレット

お勧めメニューや値段だけでなく、素材へのこだわりやお店のコンセプト、オーナーのひと言なども書き込もう。住所や連絡先、お店までの地図も忘れずに。写真やイラストをたくさん盛り込んで、見た目も楽しくなるものをつくっていこう。

伝えたいことを、わかりやすく見せ、読んでもらうとともに、持ち帰りたくなるようなデザインも大事。「みどりえ」はイラスト入りで楽しく。

●移動屋台＆オープンキッチンのアピール方法

移動屋台の場合、包装まで完成した商品を用意する場合も多い。しかし、盛りつけを車内で行えば、できたて感を演出でき、おいしさをよりアピールすることもできる。たとえばおにぎりやサンドイッチなら、目の前で握ったり具材を挟んだりする。弁当の場合でも、ご飯やみそ汁は注文を受けてから盛るようにするだけで、お客さまの印象はかなり違ってくる。

容器にご飯を盛り、レタスをのせた上に温泉卵を割り、ソースをたっぷりかけて提供する「Yummy-E」の平野さん。手間をかけても、直接自分の手でお客さまに手渡すことが喜びだという。

女性オーナーが大好きな、アジアの街角にあるような気取りのなさが人気の「biji」。以前のお店から引き継いだ、人の温もりを大切にしている。そんなお店づくりにかける人間臭さも、オープンな魅力の1つになるのだ。

店舗の場合、キッチンをオープンにすることで、おいしさをよりアピールすることができる。調理する様子、食材が焼ける音、仕上がりの匂いなど、舌だけでなく、あらゆる感覚に訴えることができるからだ。また、どんな人がつくっているか、どういう厨房なのかが見えることで、お客さまに安心感を与える効果もある。

開店直前のポイント

オープンに合わせてしっかりと準備をしよう

本番当日というのは、何もかもがはじめてのことばかりであわてたりパニックになってしまうことも考えられる。たとえ予想外の問題が起こったとしても、冷静かつ臨機応変に対応できるよう、事前の練習と心構えが大切だ。

お客さま本意に考えて臨機応変に対応する

いざオープンを迎えると、料理が追加できなかったり、容器が足りなくなったりと、予想外のハプニングが起こることも少なくありません。そんなとき、冷静かつ臨機応変に対応できるように、対処法を確認しておくことが重要です。

開店当日のポイントはピークタイム。お店には、お弁当を買う人、総菜だけを何種類も買う人など、さまざまなお客さまがやってきます。人の多さに圧倒されていると、分量やおつりを間違えたりすることも考えられます。そのため、事前にある程度の練習が必要です。調理、容器やおつりの準備、接客など、すべての作業を一度にやろうとせず、まず目の前のお客さまから丁寧に対応していくことを心がけましょう。

また、調理と接客のバランスをうまく考えておかないと、ちょっとしたことでパニックになり、お客さまに迷惑をかけることになります。1人で運営する場合は、とくに注意が必要です。

総菜を追加しなければならないタイミングであっても、待たせているお客さまがいるのなら接客を優先させるなど、臨機応変に対応できるようにしましょう。

役割分担、作業効率を確認しておこう

スタッフが2人以上の場合は、それぞれの役割を明確にしておくことが重要です。各自の仕事に責任感が芽生え、より効率的な仕事ができるようになるはずです。もちろんスタッフが何人であっても、お客さまを第一に考えた接客を心がけることが重要です。

イートインを併設している場合は、ゴミや食器を片付けたりお皿を洗ったりといった作業も発生します。役割分担や効率的な手順の確認、動きやすい動線の確保など、事前にしっかりと確認しておきましょう。

■事前のシミュレーション

事前に解決できる問題は、できる限り解決しておきたい。そのためには、オープン前に本番を想定したシミュレーションをして、実践感覚を養っておくことが大切となる。

シミュレーションは、友人や知人、周辺住民の人たちに協力してもらい、実際の営業と同じような状況をつくること。調理手順や接客方法など、本番でないとわからないことが、ある程度見えてくる。自分で気付いた点は修正するとともに、お客さま役の人たちには、気付いたことを率直に言ってもらうようにしよう。

開店前日から当日のチェックポイント

①前日まで

翌日のメニュー確認。カットや下茹でなど、手間のかかる作業は前日までにすませておく。容器、箸、おつりなどが十分か確認。言葉遣い、スタッフ同士のコミュニケーションも確認。

②開店前～午前中

ご飯や煮物など、時間のかかるものから調理をはじめる。葉もの野菜など、傷みの早い食材を仕入れる。店内、店頭の掃除。電話、メールのチェック。ある程度のメニューをそろえておく。

③ランチタイム

調理手順や接客方法をしっかり確認して、混雑に備える。1人で運営する場合は、ここまでにできるだけ調理を終えて接客に集中する。容器やおつりは余分に用意しておくこと。食器やゴミなどイートイン・スペースのケアも忘れずに。

④午後

夕方のピークに合わせて調理開始。売れ残りがないよう、数を見極めてつくる。翌日の買い出し・仕込みもはじめる。

⑤夕方～夜

夕食に備えて、できたてを提供。タイミングを見計らって料理を仕上げる。翌日の朝食やお弁当用に購入する人のため、長持ちするメニューを多めにつくる。時間を見つけて翌日の仕込みをする。

⑥営業後

翌日の買い出し、仕込み、調理手順の再確認、ミスやクレームの分析と対応などを行う。厨房、店内の清掃はきっちりと。

立地や客層によって提供のタイミングを変える

オープンまでにメニューが全種類そろっている必要のないことは述べたが（149ページ）、メニューをそろえるタイミングは、立地や客足、メニューの種類などによっても変わってくる。

一般的には、ランチタイムと夕食前の時間がもっとも人が多く、それに合わせてできたてを提供できるように調理していく。葉もの野菜やカルパッチョなども傷みが早いので、ピークタイム直前に仕上げるようにしたい。

煮物やポテトサラダなど、火を入れてあるものは比較的長くもつので、開店時から時間を見つけては調理し、そのつど出していけばいい。

そのほか、オフィス街なら朝のメニューを、商店街なら夕方のメニューを充実させるなど、立地や客層を見極めることも重要。オープンしてからわかってくることもあるので、状況に応じてメニュー構成を変えていくのもいい。

開店後しばらくは、お店の総チェック期間として考えよう

事前の準備がバッチリでも、練習通りにいかないのが本番。発覚した問題点は、先延ばしにすればするほど大きくなる。早いうちに、問題の原因を分析・把握し、大変な事態になる前に、しっかりと対処しておこう。

問題点を浮き彫りにし適切な対応を心がける

オープン直後のお店には、お客さまは意外と大勢来てくれます。ですが、しばらくすると客足が減った、というお店もたくさんあります。これは何らかの問題があってお客さまが離れてしまったのですから、お店を長く続けるためにも、早めの対応を心がけなくてはいけません。

見直すポイントは大きく分けて4つあります。

①メニュー

年配のお客さまが多いのに脂っこい総菜ばかりを扱っていても、喜ばれません。値段が高い、種類が少ないという理由もあるでしょう。味そのものが不評だということも考えられます。

②接客

自分がよかれと思った言葉や態度が、相手を不快にさせてしまうことがあります。お客さまが何を求めているかを察し、ちょうどいい距離感を保って接客できているか、確認しましょう。料理にばかり力を入れていると、意外に見落としてしまうポイントです。

③クレンリネス

総菜店として当然気を遣うべきポイント。ショーケースやトレイ、容器はもちろん、外観や看板の汚れは、お客さまの足をお店から遠のかせる原因です。いま一度チェックしてみましょう。

④その他

インテリアや内装、持ち帰り用の容器がよくないとか、イートイン・スペースが狭いなど、思わぬところが問題の原因となっている場合もあります。

これらは、時間がたつにつれ、気付きにくくなっていくもの。オープン当初からスタッフ同士の意見交換や他店の視察などを頻繁に行い、何が悪いのか、お客さまは何を望んでいるのかなど、いちいち考えるクセをつけることが大切です。

■地域とのコミュニケーション

総菜店の場合、地元のリピーターを獲得できるかどうかが売り上げを大きく左右するので、いかに早く地域に認められるかが重要になる。オープン前のあいさつ回りやその後のコミュニケーションは、積極的に行ったほうがいい。

また、飲食関係のお店の場合、ゴミ出しや臭いなどが問題になることも多い。地域のルールに従って、よりよい近所付き合いを心がけよう。

オープン後のチェックポイント

メニュー	品数、種類		クレンリネス	ショーケース、カウンター	
	温度管理			容器、食器	
	味つけ、盛りつけ			スタッフの服装、身だしなみ	
	安全性、栄養価			厨房機器、調理道具	
	調理手順、タイミング			看板、外観、店頭	
接客	言葉遣い、態度		その他	ディスプレイ	
	あいさつ、コミュニケーション			POP、メニュー表	
	オーダー、会計のさばき方			内装、インテリア	
	商品知識			空調、BGM	
	イートイン客の対応			地域とのコミュニケーション	

クレームは真摯に受け止めよう！

クレームには、お店側のミスだけでなく、お客さまの勘違いということもある。ただその場をおさめるために謝ったり料金を返したりするのでは、根本的な解決にならない。原因の分析と、お客さまが何を求めているのかを理解することで、お互いに納得できる解決に至るのだ。

クレーム対応のポイント

- 相手の怒りの内容を理解、整理する。
- 事実を確認し、原因を分析する。
- 相手が求めていることを汲み取る。
- 相手の勘違いだったとしても、恥をかかせないよう配慮する。
- これらを踏まえたうえで、適切な対処法を考える。

お客さまの信頼を得て長く愛されるお店をめざそう！

ヘルシーな総菜がある、健康を気遣ってくれるスタッフがいる、そうした安心感があるからこそ、お客さまはお店に通い続ける。お客さまあっての自分のお店。長く続けるために、たくさんの人から信頼されるお店づくりをしていこう！

信頼されるお店であることが長続きさせる秘訣

お店を長続きさせるためには、多くのリピーターを獲得できるかどうかがカギになります。お客さまが通いたくなるのは、お店を信頼しているからこそ。「おいしい」「安い」「ヘルシー」など、「あのお店なら安心できる」という信頼感があれば、お客さまは来てくれます。

手間とコストを考えたとき、冷凍食品や市販のダシを使いたくなるかもしれません。しかし、そんなときこそお客さまの立場に立って考えてください。手間を惜しまずまじめに取り組んでいるお店と、楽をしているお店では、どちらが信頼できるでしょうか。

ただし、素材や味に自信があるからといって、こだわりすぎるのも考えもの。お客さまのニーズはつねに変化しています。季節の総菜や日替わり弁当など、つねに新しいものを柔軟に提供することが必要です。

お客さまに対する感謝の気持ちを忘れずに

商品自体の魅力だけでなく、お客さまとのふれあいも大切です。あいさつはもちろんですが、どれを買おうか迷っているお客さまには声をかけ、お客さまの事情やその日の天候などを考慮して、総菜の組み合わせを提案するなどしましょう。小さな心遣いが、お店の好感度を上げることもあるのです。

また、仲良くなったからといって、必要以上に馴れ馴れしく接してはいけません。「ちょっと待ってもらえる？」「代わりの商品でもいい？」など、慣れてくると妥協が生まれます。そんな様子を見て、ほかのお客さまが不快な思いをしてしまうかもしれません。

営業時間中はあくまで大切なお客さま。どんな状況であれ、つねに「来てくれてありがとう」という感謝の気持ちを忘れないようにしましょう。

■売り上げアップのヒント

売り上げが低迷しているとき、人件費や仕入れコストを下げようと考える人は多いだろう。もちろんそれも1つの案。しかし、相対的に赤字が減るだけで、売り上げがアップしたわけではない。

ときには、仕入れ費や宣伝費にいっそうお金をかける、あるいはお店を改装するといったことも必要だ。苦しいだろうが、長い目で見ればそのほうがプラスになるはず。安易にコストを切り詰めるのではなく、お店の魅力を高めることを考えよう。

お客さまの信頼を得るためのヒント

1 料理にまじめに取り組む

凝りすぎる必要はないが、昆布とカツオ節からダシをとったり、ドレッシングを手づくりしたりなど、料理にまじめに取り組むことが大切。冷食やインスタントでは、お客さまの信頼を得ることは難しい。

2 顧客ニーズを汲み取る

ニーズは移ろいやすいもの。食べたいメニューがないお店には、足を運びたくならないのが当たり前。時代や流行、季節、天気など、あらゆる状況をふまえて、つねに最新のニーズをキャッチしておこう。

3 向上心や探究心をもつ

いつ行っても同じメニューばかりでは、すぐに飽きられてしまう。イベントやセール、料理教室などを開催したり、季節ごと、週ごとのメニューを提案して、「今日は何があるんだろう」と期待させることが重要だ。

4 お客さまへの気遣いをする

迷っているお客さまには料理の説明やお勧めメニューを、お年寄りにはイスを出し体調を気遣うなど、ほんの少しの心配りが、お客さまにはうれしいもの。自分の家族と接するくらいのいたわりも必要。

5 コミュニケーションをとる

お客さまとはもちろん、近隣住民、取引先、スタッフ同士など、人間関係はどれも大切。声かけや意見交換、アンケートなど、お互いの考えを理解することで、信頼関係は深まっていく。

6 感謝の気持ちをもつ

お客さまが来なければ、いくら味に自信があっても、お店を続けることはできない。「来てくれてありがとう」という感謝の気持ちは、お客さまに「また来よう」と思ってもらえるはず。

7 つねに初心に立ち戻る

仕事に慣れてくると、些細な事柄に目が届かなくなり、初歩的なミスや問題が起こりやすくなる。営業前に初心やコンセプトを思い出し、毎日新鮮な気持ちで仕事にとりかかるようにしよう。

■著者紹介

バウンド

経済モノ、ビジネス関連、生活実用書などを得意とする、コンテンツ制作会社。企画立案から書店先まで、書籍の総合プロデュースを手がける。主な作品に「お店やろうよ！シリーズ①～⑳」『イー・トレード証券ではじめるかんたんネット株取引』（以上、技術評論社）『上司力トレーニング』（ダイヤモンド社）『30代からの自分発見ノート』（河出書房新社）ほか。
URL www.bound-jp.com/

編集■小寺賢一（バウンド）／
秋山絵美、歌川隆介（技術評論社）
装丁・本文デザイン■中野岳人／
野村道子（bee's knees）
店舗イラスト■佐藤隆志
撮影■吉村誠司／坂田隆／黒澤宏昭／杉本剛志
本文イラスト■藤田裕美／佐藤隆志
編集・執筆協力■小嶋依子／白井英之／二階幸恵／
皆川理絵
DTP■株式会社明昌堂

お店《みせ》やろうよ！⑨
はじめての「デリ&お弁当《べんとう》屋《や》さん」オープンBOOK《ブック》

2006年11月25日　初版　第1刷発行
2019年 2月 1日　初版　第4刷発行

著　者■バウンド
発行者■片岡　巌
発行所■株式会社技術評論社
東京都新宿区市谷左内町21-13
電話　03-3513-6150　販売促進部
03-3513-6166　書籍編集部
印刷／製本■日経印刷株式会社

ISBN4-7741-2929-1　C0034
Printed in Japan

■本書へのご意見・ご感想は、ハガキまたは封書にて、以下の住所でお受け付けしております。電話でのお問い合わせにはお答えしかねますので、あらかじめご了承ください。

■問い合わせ先
〒162-0846　東京都新宿区市谷左内町21-13
株式会社 技術評論社　書籍編集部
「はじめての「デリ&お弁当屋さん」オープンBOOK」感想係